INTERAÇÕES SINÉRGICAS, SPILLOVERS DE CONHECIMENTO E PERFORMANCE EMPRESARIAL

Antônio SILVA
Luiz Eugênio PASIN

INTERAÇÕES SINÉRGICAS, SPILLOVERS DE CONHECIMENTO E PERFORMANCE EMPRESARIAL

A força das conexões no interior de um APL de tecnologia

ALTA BOOKS
E D I T O R A
Rio de Janeiro, 2021

Dados Internacionais de Catalogação na Publicação (CIP) de acordo com ISBD

S586i Silva, Antônio

Interações sinérgicas, spillovers de conhecimento e performance empresarial: a força das conexões no interior de um APL de tecnologia / Antônio Silva, Luiz Eugênio Pasin. - Rio de Janeiro : Alta Books, 2021. 256 p. ; 16cm x 23cm.

Inclui índice e apêndice.
ISBN: 978-65-5520-206-9

1. Administração de empresas. 2. Interações sinérgicas. 3. Spillovers de conhecimento. 4. Performance empresarial. I. Pasin, Luiz Eugênio. II. Título.

2021-2030

CDD 658
CDU 65

Elaborado por Vagner Rodolfo da Silva - CRB-8/9410

Produção Editorial
Editora Alta Books

Gerência Comercial
Daniele Fonseca

Editor de Aquisição
José Rugeri
acquisition@altabooks.com.br

Diretor Editorial
Anderson Vieira

Coordenação Financeira
Solange Souza

Produtores Editoriais
Ian Verçosa
Illysabelle Trajano
Larissa Lima
Maria de Lourdes Borges
Paulo Gomes
Thiê Alves
Thales Silva

Equipe Comercial
Alessandra Moreno
Daiana Costa
Fillipe Amorim
Kaique Luiz
Tairone Oliveira
Thiago Brito
Vagner Fernandes
Victor Hugo Morais
Viviane Paiva

Equipe Ass. Editorial
Brenda Rodrigues
Caroline David
Luana Goulart
Marcelli Ferreira
Mariana Portugal
Raquel Porto

Marketing Editorial
Livia Carvalho
Gabriela Carvalho
marketing@altabooks.com.br

Atuaram na edição desta obra:

Revisão Gramatical
Aline Vieira
Camila Paduan

Capa
Rita Motta

Diagramação
Lucia Quaresma

Ouvidoria: ouvidoria@altabooks.com.br

Editora afiliada à:

Rua Viúva Cláudio, 291 — Bairro Industrial do Jacaré
CEP: 20.970-031 — Rio de Janeiro (RJ)
Tels.: (21) 3278-8069 / 3278-8419
www.altabooks.com.br — altabooks@altabooks.com.br
www.facebook.com/altabooks — www.instagram.com/altabooks

ALTA BOOKS
EDITORA

DEDICATÓRIA

A Deus, às nossas famílias, aos amigos, alunos e empregadores.

AGRADECIMENTOS

Não teríamos conseguido produzir este livro sem as grandes contribuições dos CEOs das empresas que compõem o Arranjo Produtivo Local em Tecnologia da Informação e Comunicação – APL/TIC Itajubá, e de colegas, também gestores, que nos apresentaram seus trabalhos e conosco compartilharam suas ideias. Agradecemos especialmente à Débora Brandão, por sua disponibilidade e paciência em retornar ao passado para nos relatar fenômenos importantes para a constituição do APL/TIC Itajubá.

Também manifestamos nossa gratidão aos CEOs da Rede de Empresas de Tecnologia, informação e conhecimento, que sempre estiveram dispostos a nos ajudar.

Ainda devemos agradecimentos especiais ao Centro Universitário de Itajubá – FEPI e a Universidade Federal de Itajubá – UNIFEI, que em um ou outro momento se disponibilizaram a nos apoiar em atividades que possibilitaram maior rapidez à finalização deste livro.

Somos gratos à EvCopydesk, na pessoa de Edson Virgínio, pelas sugestões e conselhos sobre esta obra.

Por fim, agradecemos a todos os referenciados neste livro, por possibilitarem o suporte necessário ao desenvolvimento do nosso pensamento.

SOBRE OS AUTORES

Antônio Suerlilton Barbosa da Silva

- Pós-Doutor em Administração pela Universidade Federal de Itajubá – UNIFEI.

- Doutor em Gestão, pela Universidade de Trás--os-Montes e Alto Douro de Vila Real, Portugal (2013), com revalidação de diploma pela Universidade Federal do Rio de Janeiro – UFRJ.

- Mestre em Economia pela Universidade Federal do Estado do Ceará (2006).

- Especialista em Gestão de Projetos.

- Graduado em Ciências Econômicas pela Universidade do Estado do Rio Grande do Norte (2002).

- Professor e Coordenador do curso de Administração e do Núcleo de Inovação Tecnológica – NIT, do Centro Universitário de Itajubá (FEPI).

- Avaliador do BASis.

Luiz Eugênio Veneziani Pasin

- Doutor em Engenharia Agrícola pela Universidade Estadual de Campinas – UNICAMP (2007).

- Mestre em Administração pela Universidade Federal de Lavras – UFLA (1993).

- Graduado em Engenharia Agronômica pela Universidade Federal de Lavras – UFLA (1990).

- Professor e Pesquisador do Instituto de Engenharia de Produção e Gestão na Universidade Federal de Itajubá – IEPG/UNIFEI. Professor e Vice-coordenador do Programa de Mestrado Profissional em Administração na Universidade Federal de Itajubá – MPA/UNIFEI.

SUMÁRIO

Introdução

Os temas **Interações Sinérgicas, Spillovers de Conhecimento e Performance Empresarial** ganharam significado como objetos de estudo sob diversas óticas teóricas. Entretanto, não há registros de uma investigação que tenha observado uma análise conjunta sobre tais temas e, baseado nesta percepção, surgiu a oportunidade para a idealização deste livro.

Os autores, há muito tempo atuantes na academia e cuja colaboração deu-se a partir de um projeto de pesquisa envolvendo várias empresas, explicitam, em cada um dos capítulos, além de uma abordagem teórica, situações reais provenientes do grupo de empresas que compartilharam suas experiências em relação à temática interações sinérgicas, spillovers de conhecimento e performance empresarial, aqui definidas cada uma a seu tempo.

O desafio a que os autores se propõem neste livro, grosso modo, é poder afirmar como o desempenho organizacional, ou performance empresarial, é condicionado pelas interações sinérgicas ocorridas entre os agentes econômicos no âmbito de um mercado, indústria ou qualquer outra forma de organização econômica, bem como pelos spillovers de conhecimento, provenientes dessas interações.

O ponto de partida para a reflexão aqui compartilhada com o(a) leitor(a), sobre a importância dos relacionamentos e do conhecimento gerado no âmbito de uma organização econômica, pode, inicialmente, ser explicado sob duas perspectivas que se complementam: na primeira perspectiva, com enfoque teórico/acadêmico, diversos observadores afirmam que a base de uma economia dinâmica envolve as interações sinérgicas entre os agentes econômicos, relacionando as deliberações no tempo atual e os efeitos que estarão por vir.

Já na segunda perspectiva, agora com enfoque empírico, tem-se a constatação da tendência de substituição gradual da economia, baseada em ativos tangíveis pela economia baseada em ativos intangíveis, ou seja, na realidade, as organizações procuram criar valor suportado por meio da alavancagem de seus ativos intangíveis (conhecimento, por exemplo), o que, de certa forma, podem corresponder a mais de 75% do valor da empresa.

Assim, entende-se que diferentes tipos de interações sinérgicas implicam em diferentes resultados quanto aos tipos de spillovers, ou efeito transbordamento de inovações externas, neste caso, também chamadas de externalidades positivas, sendo que a primeira a ser estudada num contexto estratégico dinâmico foi a externalidade dinâmica. Nesse sentido, a utilização do capital por um agente econômico tem um efeito sobre a disponibilidade de capital de outros agentes no futuro, produzindo um retorno mais eficiente, o que resulta em um estado estacionário menor. Outro tipo de externalidade estudada é a de mercado, que é resultante da interação entre estrutura de mercado e a dinâmica industrial. Uma externalidade de investimento encontra origem na comunicação e na convivência dos agentes econômicos em prol da manutenção e da melhoria da eficiência do estoque de capital. Então, por exemplo, se um agente melhorar ou mantiver a eficácia das linhas de telecomunicações, todos os agentes serão beneficiados.

Em ambientes competitivos, as inovações tecnológicas, caracterizadas por fortes elementos não exclusivos e de limitada apropriabilidade, são imprescindíveis à manutenção da vantagem competitiva empresarial e, consequentemente, do crescimento da produtividade, tornando constante a presença de spillovers por meio da ação voluntária ou involuntária da gestão do conhecimento.

Para a ação voluntária, tem-se o licenciamento tecnológico e as alianças na execução de Pesquisa e Desenvolvimento (P&D). Já no caso da ação involuntária (ou fuga) de conhecimento, tem-se a aprendizagem, a imitação e a mobilidade dos trabalhadores. Assim, o resultado líquido, nesse possível cenário, é a absorção da difusão do conhecimento na medida em que as empresas reagem às ameaças competitivas resultantes dos spillovers de conhecimento.

Portanto, partindo de pressupostos, tais como: 1) a inovação bem-suce-dida depende do desenvolvimento e da integração de novos conhecimentos no processo de inovação; 2) parte desses novos conhecimentos encontram-se fora da empresa; 3) os fluxos de informação externa são importantes para as decisões empresariais e, consequentemente, para o bom desempenho do negócio; 4) a autossuficiência não é possível nem desejável, do ponto de vista econômico; 5) a integração entre os agentes econômicos é um fator valoroso para um melhor desempenho desses agentes; 6) há uma relação entre "redes de inovação", "spillovers de conhecimento" e "performance da empresa" e 7) os ativos baseados no conhecimento tornam-se cada vez mais importantes para o sucesso competitivo das empresas nos negócios, os autores convidam você, leitor(a), a refletir sobre a seguinte análise: "O REFLEXO DAS INTE-RAÇÕES SINÉRGICAS E DOS SPILLOVERS DE CONHECIMENTO NA PERFORMANCE DAS EMPRESAS".

De modo a reforçar a coerência de ideias na reflexão proposta, apresenta--se, como "pano de fundo", a realidade de 61 empresas atuantes na área de tecnologia e que se encontram organizadas sob a dinâmica de um Arranjo Produtivo Local, mais conhecido como APL, conceito que será discutido posteriormente nesta obra.

Todo o esforço aqui alocado é justificado por acreditar que a maior parte das organizações do século XXI, independentemente do setor de atuação, do porte ou produto/serviço que ofereça, reconhece que o alcance da vantagem competitiva é fruto dos recursos intangíveis, passando pelo conhecimento, pela capacidade e pelo relacionamento obtidos entre seus colaboradores.

Escrevemos este livro com seriedade, mas com leveza, de forma a conciliar o rigor acadêmico com uma linguagem acessível aos que já se debruçam sobre os assuntos aqui tratados, mas também aos que são apenas curiosos. Por tudo isso, cremos que sua essência pode favorecer gestores, embasando algumas tomadas de decisão, e acadêmicos, servindo de referencial para diversas dis-ciplinas provenientes das ciências gerenciais.

O livro está orientado por três eixos principais. O primeiro é dedicado a explorar conceitualmente, mas também a partir de algumas perspectivas empíricas, o tripé *core*, a saber: interações sinérgicas, *spillovers* de conhecimento e performance empresarial. Ademais, as diversas abordagens sobre aglomerações locais, determinantes da localização e da inovação, e as diferentes percepções teóricas do termo Arranjo Produtivo Local (APL), bastante enfatizado nesta reflexão.

O segundo eixo baseia-se na percepção de um grupo de empresas a respeito das vantagens resultantes das interações que permeiam o cotidiano, compartilhadas agora com você, leitor(a).

Por fim, o terceiro eixo traz a verificação de um conjunto de pressupostos, elencado mais acima, por meio de procedimentos estatísticos, que enriquecem a discussão quanto à realidade das interações sinérgicas para essas empresas.

Durante a leitura, o(a) leitor(a) contará com os seguintes quadros referenciais:

- A literatura em foco;
- Vale a pena saber;
- Um caso curioso;
- A realidade em pauta;
- O que você acha;
- Estudos de caso;
- Desafio.

Esses quadros têm como objetivo esclarecer determinados assuntos ou situações por meio de exemplos reais e/ou cenários evidenciados por outros colaboradores da temática.

Assim, esperamos que, ao findar da leitura, você, caro(a) leitor(a), possa obter deste livro a mesma satisfação lograda por nós ao escrevê-lo.

Todos os capítulos contêm exercícios cujas respostas podem ser encontradas ao final de cada um deles.

Decerto, nenhuma pesquisa é igual à outra, mas preparamos um "guia" com a intenção de nortear os passos do(a) leitor(a) na execução de uma pesquisa semelhante à apresentada neste livro (ver apêndice).

Finalmente, assumimos os erros que o texto, eventualmente, possa conter.

Os autores

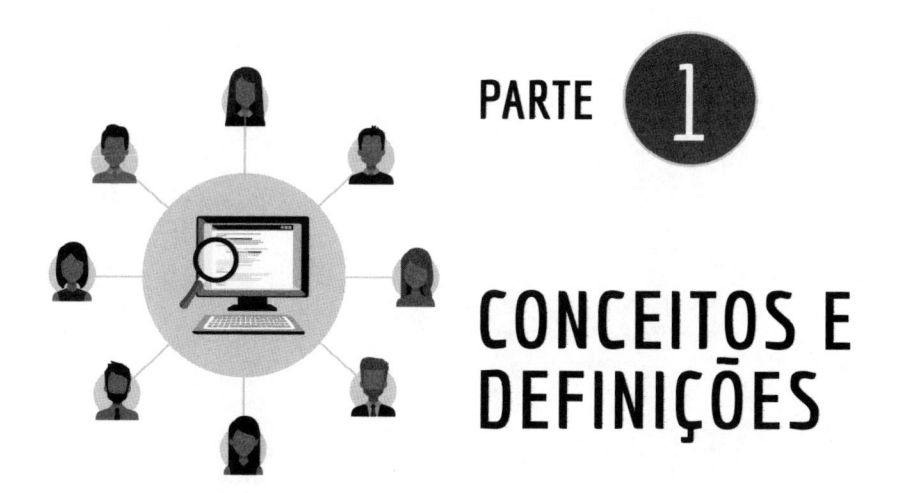

PARTE 1

CONCEITOS E DEFINIÇÕES

Interações Sinérgicas, Spillovers de Conhecimento e Performance Empresarial: três partes de um todo

Prezado(a) leitor(a), o objetivo central deste capítulo é apresentar alguns conceitos e definições presentes na literatura nacional e internacional que, certamente, tornarão mais proveitosos seu entendimento e análise. Pretende-se também privilegiar o enfoque sobre algumas das problemáticas discutidas neste livro, evidenciando, assim, propósitos e dinâmicas que nortearam esta obra.

O QUE VOCÊ ENCONTRARÁ NESTE CAPÍTULO:

- Definições sobre interações sinérgicas, spillovers de conhecimento e performance empresarial;

- Diferentes contextos sobre os quais foram observados os efeitos das interações sinérgicas, dos spillovers de conhecimento e da performance empresarial;

- Inovação;

- Práticas tecnológicas de gestão;

- Estudo de caso.

INTERAÇÕES SINÉRGICAS

O termo sinergia provém do grego *synergos*, que significa trabalhar em conjunto, o que só é possível, caro(a) leitor(a), por meio de interações entre diferentes agentes. Neste livro, o nosso entendimento do termo "interações sinérgicas" está relacionado ao resultado superior obtido por meio de interações (equipes, empresa, região), o que não se poderia esperar com base na contribuição individual dos agentes. Com esse entendimento, apresentamos a seguir algumas experiências consideradas pano de fundo para esta discussão.

O artigo intitulado "Synergetic Interactions within the Pairwise Hierarchy of Economic Linkages Subsystems" é seminal na mensuração das interações sinérgicas no interior dos sistemas econômicos. Nele, os autores, para a obtenção de seus objetivos, usam os métodos Pairwise e Leontief Inverse. Ademais, o artigo esclarece e estende a sugestão de Miyazawa de classificar os tipos de interações sinergéticas dentro da hierarquia predefinida em pares dos subsistemas de vínculos econômicos. Essa classificação é baseada em um sistema particionado de entrada e saída, e explora técnicas que produzem multiplicadores de matriz esquerda e direita, o conhecido método Leontief Inverse, proposto por Wassily Leontief.

VALE A PENA SABER!

MODELOS ECONÔMICOS DE LEONTIEF

A relação de matrizes na descrição de preços obteve sucesso através de métodos de demanda e produção em sistemas econômicos propostos pelo economista russo Wassily Leontief onde, aplicando alguns resultados sobre matrizes com entradas não negativas, pode-se determinar as estruturas de preços de equilíbrio e a produção necessária para satisfazer uma determinada demanda desejada. Para isso, podem ser utilizados dois modelos diferentes, porém, relacionados, onde o primeiro modelo refere-se ao fechado (também conhecido como *input-output*) e o segundo modelo é referente ao aberto (conhecido também como modelo de produção). Para cada um dos modelos citados anteriormente, existem parâmetros onde são descritas as inter-relações entre as chamadas "indústrias" do modelo econômico sob consideração. Com a utilização da teoria de matrizes, pode-se então calcular certos parâmetros adicionais desejados, por exemplo, calcular preços e níveis de produção para satisfazer determinados objetivos econômicos.

Fonte: http://portaldeperiodicos.unibrasil.com.br/index.php/anaisevinci/article/view/219)

A partir do artigo supracitado, outros estudos com propósitos semelhantes vieram à tona, alguns poucos brasileiros. Por exemplo, um deles evidencia as relações sinérgicas e efeitos sobre a produção setorial no sistema inter-regional Paraná-Restante do Brasil. Nesse estudo, o nível das interações sinérgicas entre as regiões Sul, Sudeste, Centro-oeste, Norte e Nordeste e o restante do Brasil foi analisado por meio dos sistemas inter-regionais de insumo-produto para o ano de 1999. Essa análise concluiu que a maior interação entre as regiões do país pode levar a ganhos importantes no crescimento econômico, mas também pode levar à dependência, em determinadas regiões, de insumos e mercado consumidor existentes nas outras regiões, evidenciando a geração de spillover (*spillover effects*), conforme o estudo citado.

As ligações setoriais e as interações sinérgicas entre Paraná, Santa Catarina, Rio Grande do Sul e o restante do Brasil, para o ano de 1999, foram avaliadas nessa mesma linha. A partir do sistema inter-regional de insumo-produto, estruturado em 26 setores, os resultados mostraram que "quatro setores dinamizaram as regiões, a saber: metalurgia, química, comércio e transporte". No que se refere às interações sinérgicas, apurou-se "a menor dependência econômica do restante do Brasil em relação às demais regiões, embora a demanda final dos três estados do Sul tenha proporcionado impactos importantes na estrutura interna da economia dessa região".

Em outro caso, o nível das interações sinérgicas e o transbordamento do efeito multiplicador da produção setorial entre o Paraná e o chamado "Restante do Brasil" (Brasil exceto Paraná) foi estimulado e analisado com a utilização dos sistemas inter-regionais de insumo-produto considerados nos anos de 1995 e 2000. Os resultados para o período em tela indicaram maior interação comercial entre essas regiões, bem como o crescimento da dependência do Paraná em relação ao restante do Brasil. Houve, então, elevação na sinergia entre as regiões, haja vista a intensificação do fluxo de bens e serviços para sustentar o processo produtivo no interior do estado (Paraná).

A LITERATURA EM FOCO

COOPERAÇÃO EM APL NO INTERIOR DE MINAS GERAIS

Uma pesquisa realizada em um APL localizado no interior do Estado de Minas Gerais trouxe à tona algumas explicações sobre as relações entre cooperação, confiança e benefícios. As análises evidenciaram benefícios advindos da cooperação, vistos pelos stakeholders como propulsores de algumas vantagens individuais e coletivas para as empresas participantes da pesquisa.

Fonte: http://www.scielo.br/pdf/ram/v16n1/1518-6776-ram-16-01-0157.pdf

Fazendo uso de um sistema inter-regional de insumo-produto idealizado, foi examinada a estrutura das relações comerciais entre a região nordeste e o restante do Brasil, para o ano de 1992. A principal contribuição do estudo foi, a partir da análise das diferentes interações sinérgicas, mostrar como ocorrem as relações comerciais entre as duas regiões.

Nesse mesmo alinhamento, analisamos as interações sinérgicas e seus desdobramentos entre um grupo de 61 empresas da área de tecnologia da informação e comunicação, organizadas sob a dinâmica de um arranjo produtivo local – APL. Adiantaremos, por enquanto, que os CEO entrevistados tenderam a concordar que a cooperação entre as empresas do grupo de TIC traz benefícios mútuos que dificilmente seriam alcançados fora dele, e que o conhecimento transferido entre as empresas tem contribuído de forma significativa na obtenção de vantagens competitivas no mercado, mas há muito ainda a ser revelado, caro(a) leitor(a), nessa complexa rede de interações.

A REALIDADE EM PAUTA

UMA RELAÇÃO POSITIVA E SIGNIFICATIVA EM NÍVEL DE EMPRESA

Os mercados têm imposto às empresas muitos desafios para que consigam sobreviver a uma concorrência cada vez mais truculenta. Esse ambiente de mercado exige das empresas habilidades para se ajustarem às mudanças impostas por seus ambientes competitivos, influenciando, assim, seu clima organizacional.

Os anos de 2010 e 2011 foram um momento particularmente difícil para a CVS Sistemas, uma empresa especialista em tecnologia da informação, com foco total nos resultados de seus clientes. Apenas quatro anos após sua fundação, o perigo de desmoronamento parecia iminente aos olhos de seu CEO.

Sua imagem de empresa inovadora, com foco constante na melhoria dos resultados de seus clientes, não mais contagiava aqueles mais céticos, que encerravam sua parceria com a CVS Sistemas. No entanto, a empresa conseguiu sobreviver e, em 2017, recebeu o Prêmio Inovação, concedido às empresas do setor que se destacam pela inovação dos seus produtos e serviços.

Mas o que permitiu à CVS Sistemas sobreviver e prosperar como empresa em face dos maus momentos pelos quais passou?

A resposta veio após a contratação de uma pesquisa de clima organizacional, que mostrou uma ausência de interações sinérgicas entre os stakeholders da CVS Sistemas. Essa ausência era evidenciava pela falta de, por exemplo, cooperação, respeito, lealdade, comprometimento e união.

Para resolver o problema, o CEO contratou um coaching que trabalhou as relações e correlações entre os indivíduos e grupos de trabalhos. O resultado foi a formação de uma equipe sinérgica, prevalecendo um espírito colaborativo, um senso de pertencimento ao grupo e, principalmente, a capacidade de enxergar e agregar valor à contribuição do outro, bem como a inteligência emocional para perceber que nem sempre o seu processo é o mais importante da cadeia.

Fonte: Disponível em: http://www.cvsnet.com.br/

SPILLOVERS

Neste livro, consideramos spillovers como diferentes conhecimentos criados em determinada organização, ou em atividades conjuntas, e extravasados (transbordados) de onde foram originados. Admite-se, também, que eles não existiriam sem a presença de redes de inovação estabelecidas *a priori*.

Em muitos estudos empíricos, o crescimento econômico foi tratado como variável dependente, buscando-se os fatores mais influentes nessa variável. Entretanto, poucos são os estudos que têm contemplado os spillovers de conhecimento como fator influenciador do crescimento. Algumas experiências já apontavam como um grande desafio mensurar e identificar os spillovers de conhecimento, além de indicar que seus mecanismos necessitam de maior aprofundamento.

Levamos a cabo este desafio, como o(a) leitor(a) já sabe, e os resultados foram surpreendentes. Esses resultados são apresentados no Capítulo 4.

A LITERATURA EM FOCO

KNOWLEDGE SPILLOVERS AND THE GEOGRAPHY OF INNOVATION

A nova geografia econômica tem o objetivo de entender a dimensão espacial da atividade inovadora, especificamente os mecanismos determinantes subjacentes à propensão da atividade inovadora a se agrupar espacialmente. Este recorte da literatura apresenta ao(à) leitor(a) o caminho que alguns estudiosos seguiram para entender as dimensões geográficas das repercussões do conhecimento.

Esses estudiosos sugerem que a produção de conhecimento tem uma dimensão espacial. Eles esclareceram que a localização e o espaço geográfico tornaram-se fatores-chave na explicação dos fatores determinantes da inovação e das mudanças tecnológicas. Consideraram, também, vários mecanismos potenciais de transbordamento e estudos que examinam esses diferentes mecanismos. Ademais, examinaram um mecanismo de repercussão que gerou um grande corpo de pesquisa — o empreendedorismo.

A Pesquisa e Desenvolvimento (P&D) aparece como a maior fonte geradora de novos conhecimentos econômicos.

Outros insumos na função de produção de conhecimento incluem medidas de capital humano, mão de obra qualificada e níveis educacionais.

Fonte: Disponível em: https://www.sciencedirect.com/science/article/pii/S157400800480018X.

Uma forte presença de spillovers geográficos de crescimento fora identificada entre as economias dos estados brasileiros para o período 1985 a 1997, ou seja, o crescimento da renda per capita dos estados é afetado de forma significativa pelo crescimento de seus vizinhos.

Os spillovers baseiam-se na existência de fluxos de conhecimento gerados a partir de Pesquisa e Desenvolvimento (P&D), que ocorrem no lado de fora da empresa, mas no interior de determinado território (local, regional, nacional). Neste contexto, tem-se a localização geográfica como um dos fatores influenciadores para a existência de spillovers, pois a especialização de um local permite que "os segredos da profissão deixem de ser segredos e, por assim dizer, ficam soltos no ar". Exemplos disso: a proximidade geográfica e a proximidade cognitiva existentes em APL. Os membros desses arranjos adquirem similaridade nos conhecimentos criados e nos conhecimentos necessários para o desenvolvimento organizacional. Essa similitude conduz, por um lado, à busca por conhecimentos similares e, por outro lado, à criação de conhecimentos, potencializando, assim, a geração e a utilização de spillovers.

UM CASO CURIOSO

COMPORTAMENTOS COMPENSATÓRIOS

Os spillovers foram também caracterizados pela psicologia, usando termos como comportamento de "assimilação" e "compensatório", ou "externalidades negativas e positivas", podendo ser entendido como um comportamento que ocorre após o outro, tendo algum tipo de relação por meio de um "motivo subjacente". Ademais, é possível caracterizar tais fenômenos no espaço da ciência comportamental, diferenciando comportamentos que podem funcionar na mesma direção (spillovers de promoção), ou ao contrário (spillovers que permitem ou expurgam). Uma distinção interessante é apresentada nos spillovers de efeito negativo. Os spillovers que permitem referem-se aos casos em que as pessoas atingem algum nível de exaustão que os leva a reduzir seu autocontrole, ou quando sentem que seu comportamento anterior lhes "deu o direito" de se comportar mal. Por outro lado, os spillovers que expurgam referem-se ao caso em que as pessoas sentem a necessidade de restaurar seu equilíbrio moral depois de terem feito algo errado. Várias condições de contexto podem facilitar o surgimento de spillovers. Por exemplo, as normas pessoais parecem interferir nas condutas pró-ambientais, porém, os spillovers parecem ser afetados também pelo custo dos comportamentos, pela atenção colocada neles, por sua proximidade, pela natureza de sua motivação e pela mentalidade em torno da situação.

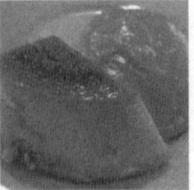

Há evidências de que as pessoas apresentam comportamentos mais autoindulgentes quando se sentem mais satisfeitas com seu desempenho. Esse tipo de comportamento é alimentado por uma peculiar contabilidade mental do efeito de nossos atos. Para ilustrar mais o ponto, lembremos daqueles indivíduos que fazem uma dieta bastante rigorosa durante toda a semana, de olho no relaxamento desta no fim de semana, ou ainda, ao escolher alimentos em um restaurante, as pessoas tendem a superestimar o efeito das calorias em seu primeiro prato e recompensar na sobremesa, desfazendo todo o efeito.

Fonte: Disponível em: http://www.economiacomportamental.org/nacionais/spillovers/

Outra forma de entender os spillovers é como externalidades que fluem a partir dos usuários de inovação, correspondendo à difusão do conhecimento, tornando-o acessível a todos, contribuindo para a formação do conhecimento coletivo e evitando a sua exclusividade para alguma organização ou território.

As empresas com maiores spillovers e maior apropriação têm maior probabilidade de cooperar em P&D. A importância em distinguir entre medidas de spillovers de entrada e apropriabilidade torna-se ainda mais evidente ao ser analisado o tipo de parceiro com o qual as empresas cooperam: os spillovers de entrada mais elevados afetam positivamente a probabilidade de cooperar com universidades e laboratórios de pesquisa em âmbito público ou privado, mas não apresentam qualquer efeito na cooperação com clientes ou fornecedores, entre outros.

A REALIDADE EM PAUTA

VAMOS TIRAR O PLANETA DO SUFOCO

O fim da distribuição das sacolinhas plásticas pelos supermercados tem gerado muita polêmica e reclamação entre os consumidores. Desde o dia 25 de janeiro de 2019, quem vai fazer compras é obrigado a levar sua própria sacola de casa ou pagar pelas sacolas retornáveis. A prática, adotada pelos estabelecimentos filiados à Associação Paulista de Supermercados (APAS), tem como objetivo contribuir com a preservação do meio ambiente, evitando o lixo nocivo gerado pelo acúmulo de plástico, além de despertar no consumidor a consciência ambiental por meio da substituição das sacolas descartáveis pelas retornáveis nos supermercados. Com isso, o consumidor está sendo obrigado a comprar embalagens para carregar seus produtos.

Na considerada política "verde", os spillovers são mediados pelas crenças dos indivíduos. Aqueles que estão preocupados com o meio ambiente de forma consistente encontrarão na prática uma maneira de reafirmar sua coerência e engajar-se em mais atitudes pró-ambientais, comprando e exibindo suas "sacolas reutilizáveis e verdes". Elas servem como sinais que os permitem mostrar ao mundo como são pró-sociais e comprometidos com o meio ambiente, atuando, ao mesmo tempo, como um lembrete para procurar produtos ecológicos dentro da loja.

Um caminho claro para um spillover de promoção, que permite que os indivíduos criem e irradiem uma imagem que os faça se sentirem bem em relação a si mesmos e os empurra para ações consistentes com essa narrativa. No entanto, parte dos compradores não conseguiu vincular o custo com o meio ambiente, pois o foco de atenção desempenha um papel na mediação dos efeitos de propagação.

Nesse caso, o custo adicional da sacola não tem um efeito significativo nos comportamentos subsequentes. Uma grande parte dos compradores interpreta isso exatamente como outra estratégia de preços, sem qualquer associação saliente com uma atividade pró-ambiental, ou seja, se houver mais mudanças comportamentais em relação aos comportamentos pró-ambientais, então uma estratégia de comunicação pode influenciar essa política.

Os cidadãos brasileiros estão bem conscientes da importância dos assuntos ambientais. Tirar proveito de normas ecológicas tão fortes em outros campos pode ajudar na criação de spillovers positivos. Porém, é importante atentar que esse último caminho também pode produzir efeitos negativos. Os spillovers negativos também podem ser ativados, o licenciamento moral é um mecanismo poderoso.

Fonte: Disponível em: https://procon.campinas.sp.gov.br/procon-alerta-que-supermercados-devem-dar-alternativa-para-sacola-pl-stica.

As redes de inovação criam spillovers, haja vista o aumento da difusão do conhecimento, que ocasiona sua fluidez externamente às empresas, dando lugar aos spillovers.

Ao se examinar o efeito de spillovers de tecnologia sobre o fluxo de caixa das empresas, percebeu-se que estas, ao enfrentarem maiores spillovers de tecnologia, passam a possuir saldos de caixa mais elevados. No geral, os spillovers de tecnologia foram identificados como um fator importante na determinação da política de caixa corporativo.

Os spillovers são, de fato, importantes para a criação de conhecimento em clusters industriais, uma vez que alguns elementos associados a spillovers influentes nesta criação foram identificados. Concebendo a hipótese de criação de conhecimento como fator necessário para a sustentabilidade e o desenvolvimento dos clusters, os resultados permitiram concluir que os spillovers favoreçem a criação de conhecimento do cluster e não somente de seus membros.

Panoramicamente, apesar de sua importância para a inovação, bem como para a interação entre os componentes de um sistema de inovação, "tem-se observado que o tema (spillovers) tem sido tratado com superficialidade e, assim, há a necessidade de estudos teóricos e empíricos mais aprofundados para verificar como as interações de conhecimento ocorrem nos sistemas de inovação, e a sua importância para o processo de inovação".

A literatura existente sustenta a conclusão de que as redes de inovação geram spillovers de conhecimento impactantes sobre a performance da empresa, bem como sobre o capital social, além de impactar a performance das regiões, dada a capacidade influenciadora sobre a dinâmica inovativa de ambas.

Precisamente, a investigação no vasto campo teórico evidencia a relação entre "redes de inovação", "spillovers de conhecimento" e "performance da empresa". "Todavia, medir tais fenômenos e a relação entre eles no plano real é extremamente difícil".

MOMENTO DO DESAFIO

A PEQUENA EMPRESA EM REDE: COOPERAÇÃO PARA A SUSTENTABILIDADE

A corresponsabilidade dos diversos estados, organizações privadas e pessoas acentua-se na análise das causas dos problemas ambientais. Na outra ponta, do ponto de vista da solução desses problemas, a cooperação é que tece a rede na qual se coordenam as operações simultâneas e os esforços paralelos.

Uma das grandes estratégias de competição é a cooperação. Por mais paradoxal que pareça, a prática mostra-se bem convincente. As redes de cooperação produtiva podem ser construídas por diversos atores, como empresas concorrentes e complementares, cooperativas, universidades e institutos de pesquisa, governos, sindicatos, associações de produtores e consumidores e ONGs.

Principalmente nos novos mercados sustentáveis, uma gigante transnacional pode precisar dos serviços de uma "microempresa" de tecnologia de energia limpa ou de uma cooperativa de reciclagem, que também pode prestar serviços para a prefeitura local, com financiamento do banco estadual a juros favoráveis para negócios ambientalmente responsáveis.

Com a expansão gerada pela economia verde, que criou novos mercados para novos negócios, parece haver muito mais espaço para todas as formas de organização da atividade econômica (da empresa global à economia solidária local). Muitas vezes, atuar em conjunto é uma forma de sobreviver e de lucrar mais do que atuando isoladamente.

As redes de cooperação podem tomar diversas formas e funcionar junto a parques tecnológicos e incubadoras. É comum que pequenas empresas de alta tecnologia sejam formadas em regiões próximas a grandes centros tecnológicos e universidades, que "transbordam" (spillover) suas inovações para a criação de novos produtos e negócios. Assim se formou o Vale do Silício, na Califórnia (EUA), onde surgiram algumas pequenas empresas, como Microsoft, Apple, Google e tantas outras.

Desafio

Conforme exposto, as redes de cooperação podem tomar diversas formas. Identifique, em sua cidade, seu estado ou sua região, um grupo de empresas que, atuando em cooperação, possibilite a geração de spillovers. Justifique sua resposta.

Fonte: Disponível em: https://www.ideiasustentavel.com.br/wp-content/uploads/2015/01/IS36-Edicao-completa-FINAL.pdf.

PERFORMANCE EMPRESARIAL

A performance da empresa, na percepção dos autores, é entendida como desempenho competitivo (em relação aos concorrentes locais), sendo sua análise feita no âmbito espacial, por haver uma relação recíproca e dinâmica entre a empresa e o ambiente no qual ela está inserida ou, mais precisamente, "as empresas estão *'embedded'*" no território de forma complexa. Nessa perspectiva, chama-se a atenção ao fato da necessidade de se ter em mente uma noção do comportamento econômico regional, porque "o território não é apenas um suporte físico às atividades econômicas, mas também fruto das relações sociais que o compõem, entre elas a economia", assim, deixando de ser "um elemento externo à atividade econômica, devendo ser analisado de forma integrada ao conjunto das relações sociais que nele se materializam". Desse modo, apresentamos, no Apêndice deste livro, um conjunto de informações sobre a região na qual foi desenvolvido o *core* desta pesquisa.

Várias debilidades no plano empírico, nessa área de estudo, foram enunciadas por muitos observadores, por exemplo, sobre o quanto é complicado medir aspectos relacionais em si. Por conseguinte, a dinâmica das redes é ainda pouco explorada, sendo a análise da sua evolução difícil de ser estudada. Além disso, há o fato de se saber pouco a respeito da dinâmica do conhecimento, tanto nas redes como nas empresas.

Sejam quais forem as atividades inovadoras, elas devem resultar em uma melhor performance empresarial, relativamente à alcançada por empresas que não inovam. Diversos conceitos sobre medidas de desempenho econômico-financeiro são aplicados na avaliação da performance empresarial, a saber: "as vendas por colaborador, as exportações por colaborador, o crescimento das taxas de vendas, o ativo total ou recursos, o emprego total, o lucro operacional e o retorno sobre o investimento".

UM CASO CURIOSO

NEM SEMPRE A INOVAÇÃO É SINÔNIMO DE MELHOR DESEMPENHO

A inovação é considerada um fator fundamental para o desempenho das empresas. Será?

Em termos teóricos, a relação entre inovação e desempenho no nível das unidades de negócios individuais ou, mais precisamente, no nível da empresa, não é bem estabelecida na literatura. Tem-se algumas ideias amplas sobre os tipos de resultados esperados, mas nenhuma hipótese é muito específica.

Em termos empíricos, os estudos realizados não são conclusivos e, em alguns casos, são contraditórios. Essa situação inconclusiva na realidade prática das empresas pode ser atribuída à complexidade dos fenômenos envolvidos e nas dificuldades de mensuração. No entanto, as evidências empíricas não suportam consistentemente essa relação no nível da empresa.

Mesmo que se tenham fortes razões para acreditar que a inovação tende a levar a um melhor desempenho econômico ao longo do tempo, há dúvidas de que o período de tempo coberto nos vários estudos seja longo o suficiente para desmascarar esse relacionamento. Ademais, outra consideração importante é que os indicadores de inovação não podem ser considerados medidas de inovação estabelecidas e bem testadas. Pelo contrário, são desenvolvimentos bastante recentes.

A partir de uma amostra de empresas atuantes no setor químico brasileiro, foi evidenciado que não há relação significativa entre os indicadores de inovação e métricas de lucratividade. Em outra amostra, contendo 488 grandes empresas norte-americanas de diversos setores, verificou-se uma relação direta e positiva entre inovação e crescimento, mas sobre a relação entre inovação e lucratividade não se pode tecer comentários mais significativos.

O que se conclui é que o esforço inovador tende a afetar mais o crescimento do que a lucratividade. As descobertas tanto corroboram alguns estudos anteriores como se contrapõem a outros.

Fonte: Disponível em: http://www.scielo.br/scielo. php?script=sci_arttext&pid=S1676-56482009000100007.

A realidade norueguesa, descrita no artigo "Innovation and Economic Performance at the Enterprise Level", mostrou o quanto as empresas inovadoras apresentam taxas mais elevadas de crescimento em termos de vendas, emprego, recursos (ou total do ativo), produtividade etc., em comparação com as empresas não inovadoras, não se confirmando esta situação no caso dos lucros. De forma semelhante, no setor agrícola holandês, as empresas inovadoras apresentaram crescimentos nas vendas e nos lucros significativamente mais elevados do que as unidades não inovadoras. Já a indústria francesa mostrou-se receptiva às inovações, evidenciando um impacto positivo sobre os lucros e considerando o investimento em P&D, a quota e a concentração de mercado como os fatores causais relevantes.

Outros observadores, a partir da indústria suíça, concluíram indicando a importância da utilização de spillover, da oportunidade tecnológica e do grau de inovação, por aumentarem significativamente a produtividade do capital intangível. Nesse contexto, foi mostrada a relação positiva entre as receitas resultantes da inovação por colaborador e cinco avaliações diferentes de desempenho, a saber: crescimento de emprego, valor acrescentado por colaborador, vendas por colaborador, lucro operacional por colaborador e retorno sobre os recursos.

Partindo da hipótese na qual o crescimento das vendas totais é dependente do output de inovação, foi testada a existência de associação entre a inovação e a performance empresarial, fazendo uso do modelo de equações simultâneas. A performance da empresa foi avaliada em termos de crescimento das vendas totais e crescimento de emprego. O resultado dos testes mostrou uma relação positiva entre o crescimento das vendas totais, o output de inovação e o crescimento de emprego.

Por meio de metodologia semelhante, foi testada a relação entre o output de inovação e a performance da empresa, sendo o desempenho da empresa avaliado por quatro variáveis, a saber: crescimento das vendas, crescimento do emprego, crescimento dos lucros e crescimento da produtividade. Os seguintes resultados foram observados: (1) relação positiva entre o crescimento das vendas e o crescimento do emprego; (2) feedback na performance da empresa em nível de crescimento das vendas; (3) os lucros e a produtividade não são significativamente influenciados pelo output da inovação; (4) o valor das vendas tem um efeito negativo sobre a intensidade inovadora das pequenas empresas, ou seja, quanto maior for a pequena empresa, menos tempo é gasto em inovação; (5) o efeito da dimensão desaparece quando apenas as pequenas empresas com valor de output de inovação são incluídas na regressão e (6) a variância explicada pelas variáveis de performance de todas as empresas é baixa, atestando que uma grande percentagem desta deve-se a outros fatores.

Sobre a performance empresarial, chegou-se à seguinte conclusão: as empresas que inovam apresentam um melhor desempenho econômico-financeiro do que as que não inovam. No entanto, a lista de variáveis representantes do desempenho utilizada é vasta, tal como os fatores que influenciam esta fase do processo de inovação.

A REALIDADE EM PAUTA

COMO AVALIAR O NÍVEL DE MATURIDADE EM INOVAÇÃO E SUA INFLUÊNCIA NO DESEMPENHO EMPRESARIAL?

No cenário atual, de crescente competitividade e de rápidas mudanças, a inovação parece ser de fundamental importância para elevar a capacidade de competitividade e conquistar novos mercados e consumidores. As empresas do setor de Tecnologia da Informação e Comunicação, as chamadas TIC, são muito dinâmicas e, por este motivo, possuem grande necessidade de inovações contínuas para se manterem competitivas nesse mercado.

Há quem diga que uma gestão correta do processo de inovação poderá constituir uma fonte permanente de vantagem competitiva, garantindo o sucesso empresarial no longo prazo. Para isso, avaliar a capacidade de inovação da empresa, com base em diferentes indicadores que expressem o seu grau de inovação, torna-se fundamental. Foi o que a Bematech fez.

A jornada da Bematech começou em 1990, quando Marcel Malczewski e Wolney Edirley Gonçalves Betiol transformaram um trabalho de conclusão de curso em um negócio de sucesso. Mantendo o espírito empreendedor, a companhia focou em levar o primeiro contato com a tecnologia de gestão que topo empreendimento precisa para crescer. A partir daí, a companhia se tornou uma multinacional brasileira líder no desenvolvimento de soluções completas de tecnologia para os segmentos de varejo, *food service* e *hospitality*. Por meio de uma plataforma integrada de equipamentos, softwares de gestão e serviços — que automatizam processos e apoiam a gestão comercial — as soluções da Bematech permitem que estabelecimentos conquistem mais rentabilidade e maior controle de suas operações.

Seu modelo de negócios atual está baseado no conceito de *one--stop-shop*. Isso significa que ela oferece uma ampla gama de soluções para automação comercial do varejo, compreendendo a venda de equipamentos (hardware), o licenciamento de programas de computador específicos para automação comercial (software) e a prestação de serviços relacionados.

Para medir o grau de inovação da Bematech, foram aplicados quatro indicadores (questionário de inovação, radar de inovação, comparação do processo da companhia com as principais empresas do setor de atuação, comparação da empresa com os principais indicadores do setor).

Os resultados mostraram que a empresa possui um alto grau de maturidade em inovação nos quatro indicadores estudados, e isso é atribuído pela empresa ao planejamento estratégico com foco em inovação.

A influência da inovação no desempenho da Bematech é percebida através da sua liderança de mercado e preocupação com a gestão da inovação.

Fonte: Disponível em: https://acervodigital.ufpr.br/handle/1884/41343

Apesar de parecer haver um consenso entre os estudiosos de que a inovação tecnológica é hoje um diferencial importantíssimo para a performance empresarial, bem como fator determinante do crescimento econômico, muitas empresas hesitam em adotar práticas de gestão mais indicadas a uma situação intensa de competição de mercado, uma vez que seu sucesso depende, na maioria das vezes, "de fatores como a estrutura da força de trabalho, a estratégia, as alianças com outras empresas ou com universidades, e, o mais importante, a organização interna da empresa". Ademais, aspectos relacionados com a visão, liderança e vontade de inovar, a estrutura organizacional, os indivíduos-chave do processo de inovação, a eficiência das equipes de trabalho, a capacitação contínua das equipes, o envolvimento das pessoas, o clima de criatividade e o aprendizado organizacional contínuo complementam a lista dos fatores evidenciadores de uma empresa inovadora.

Nessa direção, não há dúvida que a inovação tecnológica está condicionada a uma série de fatores intrínsecos às empresas, como também a fatores que não pertencem à sua essência, como aqueles ligados às condições macroeconômicas e aos sistemas produtivos com os quais tem alguma relação.

O atendimento a esses fatores pode ser facilitado a partir da capacidade da empresa de diferenciar as inovações desenvolvidas por elas, o que levaria, com maior facilidade, à identificação dos seus pontos fortes e fracos em seu desenvolvimento. Agrupamos, aqui, os diferentes tipos de inovação em três categorias, a saber: administrativa e tecnológica, produto e processo e radical incremental. A seguir, faremos uma descrição dessas categorias, mas achamos de bom tom externar antecipadamente ao(à) leitor(a) o conceito de inovação.

Há várias denominações para a inovação. Definida de forma mais ampla, o termo compreende produtos, processos e novas atividades empresariais ou modelos organizacionais. A inovação é conceituada não apenas como os avanços realizados na fronteira do conhecimento global, mas também como a primeira vez em que se usa ou se adapta a tecnologia a novos contextos, podendo ainda incluir aspectos tão diversos como as novas tecnologias de produção, os novos modos de produzir, o lançamento de novos produtos, a competição em novos mercados, o estabelecimento de novos acordos com clientes ou fornecedores, a descoberta de uma nova fonte de matérias-primas, um novo processo de produção, um novo modo de prestar serviço pós-venda, um novo *modus operandi* para a relação com os clientes etc. Em resumo, inovação é um pequeno rótulo para uma grande variedade de fenômenos.

Não há dúvidas de que tanto a inovação administrativa como a tecnológica elevam a empresa a patamares jamais alcançados. Essas duas categorias atingem alguns processos diferentes de tomada de decisão por parte das organizações. As tecnológicas, basicamente, se relacionam mais ao processo de produção de produtos e serviços, enquanto que as administrativas se relacionam à estrutura das organizações e aos processos administrativos. São estas inovações que possibilitam à empresa atingir novos patamares de performance, melhor do que qualquer outro tipo de inovação. Entretanto, o desafio está na sua implantação, uma vez que essa tarefa "envolve implementação de novos métodos" para distribuir responsabilidades e poder de decisão entre os empregados na divisão de trabalho existente no âmbito das atividades da empresa (e unidades organizacionais) e entre essas atividades.

Inovar na administração é liderar, organizar, coordenar ou motivar, de tal forma que leve à quebra de paradigmas em relação aos processos e às práticas comuns de administração e às formas organizacionais habituais. Inovar tecnologicamente possibilita ao empresário um grande aumento na capacidade de produção da empresa, dada sua melhoria substancial. É algo difícil, começa com a geração de uma ideia nova, passando por várias etapas, até a sua utilização.

O Manual de Oslo externa as diferenças existentes entre inovações em produtos e inovações em processos. A primeira envolve características novas ou alguma melhora nos serviços oferecidos aos consumidores. A segunda envolve o desenvolvimento de métodos e habilidades no desempenho de serviços. Quando se tem melhorias nas características do serviço oferecido aos consumidores e nas habilidades usadas para desempenhar o serviço, neste caso, trata-se tanto de uma inovação em produtos como uma inovação em processo.

Produtos e serviços inovadores surgem no mercado com um único objetivo: atender e suprir às/as novas necessidades dos consumidores, por empresas que desejam ser mais competitivas relativamente. A maior competitividade de uma empresa está relacionada com a sua capacidade de ofertar, com frequência maior que a dos concorrentes, produtos e serviços inovadores, com qualidade. Seu custo de produção, dependendo do quanto inovador é seu processo produtivo, pode ser maior ou menor.

Possuir diferenciais competitivos (oferta de benefícios e vantagens exclusivas aos clientes) é condição *sine qua non* para que uma organização se torne única, superior, incomparável "aos olhos dos clientes". A inovação de processo ocorre quando há a implantação de um método de produção ou distribuição novo ou significativamente melhorado, mas também na criação de novas formas de relacionamento ou na introdução de tecnologia nova ou melhorada na produção.

Radicalmente ou incrementalmente? Não importa! O importante é inovar! Porém, os efeitos são bem diferentes.

A inovação radical é algo que interrompe as trajetórias tecnológicas existentes. Aqui, os produtos, processos e serviços mantêm as características do que foi anteriormente desenvolvido. Ela é capaz de causar uma mudança significativa, um impacto considerável, que afeta simultaneamente os modelos de negócio, a tecnologia da empresa, o mercado e o sistema econômico. Alteram totalmente a ordem das coisas, tornando-as antiquadas. São capazes de gerar riscos mais altos, com possibilidades de retornos maiores.

Bem distante da inovação radical encontra-se a inovação incremental, sinônimo de aprimoramento e aperfeiçoamento em algo já existente. Pode ser considerada uma simples introdução de qualquer tipo de melhoria de forma contínua, seja em produto, design, processos, layout e novas práticas de vendas, ou o resultado do aprendizado interno e da capacitação acumulada. Essas modificações e adaptações em produtos e em serviços já existentes acontecem de modo gradual, ao longo do tempo, de forma a se obter o máximo valor possível sem que haja a necessidade de investimentos significativos, com o único objetivo de atender às expectativas dos consumidores e reduzir os custos das empresas.

MOMENTO DO DESAFIO

A INOVAÇÃO SOB A PERSPECTIVA DAS MICRO E PEQUENAS EMPRESAS

A inovação é essencial e indispensável para a empresa que almeja participar de forma ativa no mercado. Ela provoca um grande impacto no desempenho da empresa, pois favorece melhorias relacionadas à qualidade, eficiência, transmissão de informação, além de aumentar a capacidade de utilização da tecnologia.

Nos últimos anos, as Micro e Pequenas Empresas (MPE) têm configurado de forma significativa os estudos sobre desempenho organizacional, o que pode ser justificado pelo seu aparente crescimento em vários países, bem como pela importância da contribuição de tais empreendimentos na criação de emprego e renda para a sociedade.

Os pequenos negócios empresariais são formados pelas micro e pequenas empresas e pelos microempreendedores individuais (MEI). No Brasil, existem 9 milhões de estabelecimentos. Desse total, 80% são MPEs. As MPEs respondem por 54% dos empregos com carteira assinada no setor privado (18 milhões). De acordo com o Portal do Empreendedor, no Brasil existem 10 milhões de MEI (dezembro/2020).

Muitos desses negócios investem pesadamente em inovação, à sua maneira, buscando fazer a diferença diante da concorrência, muitas vezes alocando recursos na mensuração dessa inovação.

Para a aferição do grau de inovação, uma das ferramentas utilizadas é o Radar da Inovação. Essa ferramenta é utilizada por empresas que desejam implementar estratégias de diferenciação em relação à concorrência, demonstrando onde o seu desempenho pode ser melhorado.

Foi o que fez um estrato de MPEs participantes do Sindicato das Indústrias Metalúrgicas, Mecânicas e de Material Elétrico de um município brasileiro. Dentre as empresas desse estrato, poucas se mostraram inovadoras em relação à metodologia Radar da Inovação.

Desafio

Como vimos, a inovação é uma importante arma para empresas que desejam alcançar e manter a dianteira dos movimentos no seu mercado de atuação. A partir desse conhecimento apreendido, identifique na sua região ou município empresas que você considera inovadoras e que por isso estão à frente das demais.

Fonte: Disponível em: http://www.sebrae.com.br/sites/PortalSebrae/ ufs/sp/sebraeaz/pequenos-negocios-em-numeros,12e8794363447510 VgnVCM1000004c00210aRCRD.

Vimos aqui que a inovação, para muitas lentes teóricas, tem papel imprescindível na performance empresarial, cabendo ao gestor ficar atento ao seu desenvolvimento no âmbito da organização, bem como a identificação dos fatores que a promovem eficientemente. Práticas de gestão tecnológica têm sido adotadas por empresas que querem garantir a criação de vantagens competitivas, mas não apenas no aumento da eficiência operacional e na minimização de custos, mas também na sua capacidade de gerar novos recursos tecnológicos. As práticas da gestão tecnológica auxiliam tanto na adaptação da empresa às mudanças tecnológicas quanto na criação destas mudanças, sendo muito aplicadas à geração de ideias em equipes multidisciplinares, à promoção da satisfação do consumidor devido à consideração de suas opiniões, além de assegurar que a alocação e a utilização de recursos sejam realizadas de forma adequada, reforçando a importância da continuidade dos processos de gestão tecnológica.

A literatura apresenta um conjunto de práticas de gestão que, quando empregadas, sinalizam o sucesso da inovação tecnológica. Algumas delas são: canais de comunicação, comunicação externa, atenção ao cliente, apoio explícito da gestão de topo à inovação tecnológica, processo de tomada de decisões, cultura corporativa, estrutura organizacional, recursos humanos, mecanismos de coordenação interdepartamental e análise de projeto.

A REALIDADE EM PAUTA

GESTÃO DA INOVAÇÃO TECNOLÓGICA: ESTUDO MULTICASO EM EMPRESAS DE BASE TECNOLÓGICA

Um segmento de empresas intituladas "de base tecnológica", EBT, tem sido alvo de um crescente número de estudos. Consideradas um mecanismo de transferência de tecnologia, estas empresas são responsáveis por criar e difundir inovações agregadoras de valor aos seus produtos e contribuir para inovações e melhorias tecnológicas para todas as empresas. No Brasil, uma parcela das empresas de base tecnológica vem surgindo por meio das incubadoras tecnológicas, onde são proporcionadas condições à sua operacionalização, procurando estimular as atividades empreendedoras, promover o desenvolvimento tecnológico e o crescimento regional, diversificando a economia e a criação de empregos.

Um desses estudos conseguiu detectar duas grandes barreiras à inovação. Primeiramente, a falta de doutores à frente da gestão de topo ou dos processos tecnológicos, sendo essa lacuna preenchida pela busca da formação contínua dos seus colaboradores. Em seguida, observou-se uma importante escassez na comunicação externa com os agentes geradores de conhecimento (universidades e institutos de pesquisa). Estas duas barreiras afetam outros aspectos que também deveriam ser melhorados, por exemplo, a delegação de funções de gestão e a descentralização da tomada de decisões, unidas a uma transição para culturas corporativas mais participativas e, portanto, favorecedoras da inovação.

Fonte: Disponível em: http://altec2015.nitec.co/altec/papers/227.pdf

Conforme exposto, podemos perceber algumas das muitas contribuições que a literatura nos traz sobre as temáticas em discussão, mas como o(a) leitor(a) deve ter percebido, nenhuma dessas contribuições apresenta o que desejamos abordar, que é observar conjuntamente o tripé interações sinérgicas, spillovers de conhecimento e performance empresarial.

Igualmente à inovação e suas práticas de gestão, o local/território sobre o qual as aglomerações produtivas estão localizadas tem papel importante na performance empresarial. O próximo capítulo vai abordar essa questão sob a perspectiva dos fatores condicionantes da localização de empresas. Acredita-se que, ao decidir operar em um determinado local, o empreendedor/empresário teve o cuidado de observar a existência de fatores (condições) que contribuem para a *performance*/o sucesso da sua empresa.

A seguir, apresentaremos dois estudos de caso. O primeiro traz a realidade de empresas de tecnologia no que se refere aos fatores condicionantes e impeditivos do processo da tomada de decisão sobre inovar, e o segundo apresenta práticas de gestão de inovação tecnológica.

ESTUDO DE CASO

FATORES CONDICIONANTES E IMPEDITIVOS DA TOMADA DE DECISÃO SOBRE INOVAR EM EMPRESAS DE TECNOLOGIA[1]

Os gestores nacionais e internacionais já perceberam que as empresas necessitam inovar para sobreviver, sob pena de desaparecerem. Até porque, num mundo globalizado e competitivo como o atual, é difícil conceber uma empresa sustentavelmente bem-sucedida sem a realização de investimentos em inovação. Entretanto, existem alguns fatores que limitam o processo de inovação empresarial, diferentes em cada empresa, variando de acordo com a sua capacidade inovadora. Isso posto, explorar o processo de tomada de decisão, no que se refere a projetos de inovação, mostra-se necessário à percepção das limitações da inovação empresarial e à avaliação dos fatores que desempenham um papel no processo, bem como a sua importância.

Com sede no estado do Espírito Santo, mas com foco no mercado nacional e internacional, o grupo de empresas aqui abordado é do setor de tecnologia da informação e conhecimento. Envolvidos em atividades de inovação por, pelo menos, cinco anos, entre os seus produtos e serviços estão: inteligência em localização móvel, criação e desenvolvimento de jogos, simuladores de treinamento, vídeos e animações, produção e instalação de equipamentos para medição do uso da água com alta precisão, fabricação e instalação de equipamentos para monitoramento de vibração e fenômenos elétricos, ensaios e análises pontuais do uso da água, eficiência, desempenho e vibração em usinas hidrelétricas e estações de abastecimento.

---

1 Caso baseado em pesquisa realizada por Edna Machado Daniel, sob a orientação do prof. Antônio Suerlilton Barbosa da Silva.

Com um tempo médio de vida para os seus produtos variando entre 1 a 9 anos, as empresas puderam ser classificadas como inovadoras e muito inovadoras, em comparação aos seus concorrentes.

A decisão pela inovação nessas empresas pode ser agregada, sucintamente, em três linhas: quando diante de oportunidades de mercado; crescimento, diferenciação, preocupação por satisfazer cada vez mais os clientes e a permanência no mercado.

Quando questionados sobre as dificuldades no desenvolvimento de atividades de inovação, bem como a importância de cada um dos fatores de impedimento, os empreendedores elencaram os seguintes aspectos: percepção de riscos econômicos excessivos; custos provenientes dessas atividades, que são demasiados elevados; falta de fontes de financiamento; falta de pessoal qualificado e falta de informação sobre tecnologias disponíveis. Todos esses fatores foram citados como altamente impeditivos ao desenvolvimento de atividades inovadoras. Outros fatores como regulamentação e normas, falta de receptividade dos clientes às inovações e reduzida dimensão do mercado também foram mencionados, mas apresentando um grau impeditivo médio ao desenvolvimento de atividades inovadoras.

Quando questionados sobre os principais objetivos da implementação da inovação, os empreendedores sinalizaram que, quanto aos efeitos associados aos produtos, a melhoria da sua qualidade e a entrada em novos mercados ou o aumento da quota de mercado foram citados como os mais relevantes. Já em relação aos efeitos associados ao processo, os itens mais valorados foram a melhoria da flexibilidade de produção e a redução dos custos de trabalho por unidade produzida. No que diz respeito aos efeitos econômico-financeiros, os itens mais mencionados foram o aumento do volume de vendas e o aumento do lucro. Quanto aos outros efeitos, o cumprimento às regulamentações e normas foi considerado como de grande relevância e, em segundo plano, ficou a melhoria do impacto ambiental ou de outros aspectos associados à segurança ou à saúde.

Quando perguntados sobre o grau de impacto ocasionado pela introdução das inovações, eles classificaram como de alto impacto aqueles associados aos produtos e processos. Solicitados a classificar tais efeitos em ordem de importância para a empresa ao se decidir pela inovação, o resultado foi o seguinte:

1. Melhoria da qualidade dos produtos (bens/serviços);
2. Entrada em novos mercados ou aumento da quota de mercado;
3. Melhoria da flexibilidade de produção;
4. Redução dos custos de trabalho por unidade produzida;
5. Aumento de lucro;
6. Aumento do volume de vendas;
7. Aumento do retorno do investimento;
8. Atendimento a regulamentações e normas de grande relevância.

No que diz respeito às parcerias e às fontes de informação, foi perguntado aos empreendedores sobre a sua importância para o desenvolvimento de atividades de inovação. Por unanimidade, os fornecedores de equipamento, materiais, componentes ou *software* e os clientes foram considerados os principais parceiros. Já as fontes internas apareceram como as mais requisitadas, seguidas dos clientes e concorrentes.

Considerada uma decisão de relevante importância para as empresas, na medida em que implica a alocação de recursos vitais e dispendiosos, é fundamental que os objetivos estejam claramente definidos. Dado esse contexto, o objetivo deste estudo de caso foi abordar a inovação, concentrando nos determinantes que mais contribuem para o processo de tomada de decisão nas empresas, bem como aqueles que impedem ou dificultam esse processo.

Questões para Discussão

1. Quais empresas de tecnologia você conhece em sua cidade? Quais seus produtos e serviços? Qual o ciclo de vida médio desses produtos?

2. Qual dessas empresas está envolvida em projetos de inovação, seja de produtos ou processos?

3. Quais os objetivos mais significativos para a implementação da inovação?

4. Que fatores podem ser identificados como determinantes para as suas atividades inovadoras?

5. Que fatores podem ser identificados como impeditivos para as suas atividades inovadoras?

ESTUDO DE CASO

PRÁTICAS DE GESTÃO DE INOVAÇÃO TECNOLÓGICA EM EMPRESAS DE TECNOLOGIA[2]

As empresas que compõem este estudo de caso desenvolvem suas atividades econômicas no estado do Rio de Janeiro, atendendo aos mercados nacional e estrangeiro. São empresas já consolidadas no setor de tecnologia, inovação e conhecimento.

Essas empresas, totalmente comprometidas com as melhores práticas e processos de desenvolvimento de software, possuem grande diversidade em serviços por meio de uma equipe capacitada, cujo objetivo é sempre solucionar os problemas dos clientes com agilidade e segurança.

Como o(a) leitor(a) acompanhou neste capítulo, a inovação (tecnológica) é essencial à boa performance empresarial, mas, para isso, práticas eficientes de gestão precisam ser implementadas. Apresentamos aqui a realidade desse grupo de empresas do setor de TIC, no tocante aos fatores organizacionais e de gestão que contribuem para o sucesso dos seus processos de inovação tecnológica.

As práticas de gestão aqui verificadas foram as seguintes: canais de comunicação, comunicação externa, atenção ao cliente, apoio explícito da gestão de topo à inovação tecnológica, processo de tomada de decisões, cultura corporativa, estrutura organizacional, recursos humanos, mecanismos de coordenação interdepartamental e análise de projeto.

---

2   Caso baseado em pesquisa realizada por Pâmela Santos Costa, sob a orientação do prof. Antônio Suerlilton Barbosa da Silva.

Canais de comunicação

A comunicação interna possui, em sua maioria, características de informalidade e continuidade. Em 60% das empresas, não existe qualquer tipo de comunicação formal. A justificativa para essa evidência foi a de que as empresas são pequenas, mas bem departamentalizadas, e que não há necessidade de canais de comunicação formais. Ela ocorre em todas as direções possíveis, havendo uma frequência de comunicação de 80% em todos os departamentos da empresa e apenas 20% em alguns setores.

Comunicação externa

Esta é 100% formal. Quando estabelecem contato com outras instituições, fazem-no principalmente com clientes (32,32%), mas também com fornecedores (25,66%), agências governamentais (22,32%), universidades (15,66%) e centros de pesquisa (4,4%). A comunicação com as universidades e centros de pesquisa é estabelecida pelos setores de P&D e produção (60%), P&D e compras (30%) e o setor de produção e marketing (10%). A frequência desse tipo de comunicação se dá de forma contínua, em 40% das vezes, frequentemente em 20% e raramente em 40%.

Atenção ao cliente

A análise das necessidades dos clientes antes do lançamento de uma inovação tecnológica, sejam atuais, sejam potenciais, é prática frequente entre essas empresas. Por práticas frequentes, nessas empresas, entende-se:

> ❯ Análise das necessidades dos clientes antes da introdução de uma inovação;
>
> ❯ Envolvimento do cliente no processo de inovação;
>
> ❯ Introdução de modificações nos protótipos após os testes conduzidos pelos clientes;

> Introdução de modificações nas inovações após feedback dos usuários;

> Investimento na formação de clientes;

> Problemas pós-venda.

O envolvimento dos clientes no processo de inovação é mais frequente (80%) que a análise de necessidades (20%). O feedback dos clientes pode originar a introdução de modificações, quer nos protótipos após os testes realizados pelos clientes (60% frequentemente e 40% continuamente), quer nas inovações após feedback dos usuários (20% frequentemente e raramente; 60% continuamente). Contudo, eles declararam que os seus produtos raramente (60%) experimentavam problemas técnicos pós-venda, embora haja uma frequência de necessidade de pequenos ajustes (40%).

Na tentativa de maximizar o conhecimento dos clientes, relacionado ao potencial de uma inovação, 80% das empresas investem tempo e recursos na educação/formação dos seus clientes.

Apoio explícito da gestão de topo à inovação tecnológica

Para a avaliação do apoio dos CEOs à inovação, vários elementos foram analisados, entre eles, a estratégia da empresa, as capacidades de gestão dos gestores, o grau de envolvimento dos colaboradores na gestão da empresa e a cultura corporativa.

Os CEOs pareceram estar preparados para gerir os processos de inovação. Os resultados indicaram que, em 100% das empresas, as principais aptidões dos seus CEOs são a capacidade para utilizar a informação, a objetividade, a cooperação, a flexibilidade, a eficiência e a liderança, bem como visão sistêmica, comunicação oral, comunicação escrita e estresse (80%). Contudo, a capacidade para trabalhar em situações ambíguas e arriscadas (20%) está abaixo do esperado. Oitenta por cento deles concordou com a delegação de responsabilidades e autoridade, contudo, tal prática não foi observada. Esta delegação é majoritariamente seletiva, orientando-se, em 60% dos casos, para o departamento de P&D, pois é onde habitualmente se emprega o pessoal mais qualificado.

A distribuição de funções entre os três níveis de gestão é a seguinte: as funções estratégicas relacionadas ao planejamento são desempenhadas, na maioria dos casos, pelos gestores de topo, mas delegadas aos gestores intermediários em 20% dos casos. A análise da envolvente é uma função estratégica, delegada em 60% dos casos aos gestores de topo e em 40% aos intermediários. Os gestores intermediários são majoritariamente responsáveis pelo recrutamento e pela formação do pessoal (80%), pela implementação de ações corretivas (60%), bem como pela definição das necessidades de recursos humanos (60%). A responsabilidade do monitoramento dos resultados está dividida entre os supervisores (40%) e os gestores de topo (40%). A comunicação das mudanças aos subordinados e a revisão e o ajuste em função dos resultados do controle e das mudanças são funções realizadas, em 60% dos casos, pelos gestores de topo. As funções majoritariamente realizadas pelos gestores diretos são de natureza operacional, tais como a comunicação dos objetivos aos subordinados, a definição das ações a serem realizadas, a determinação dos recursos necessários e a sua distribuição entre os subordinados.

Processo de tomada de decisões

Em todas as empresas analisadas, pratica-se uma tomada de decisão centralizada, mas com partilha de ideias. Porém, em alguns casos, existem traços de processos de decisão mais ou menos centralizados. Não obstante, 100% dos CEOs se manifestaram totalmente em desacordo com a descentralização do processo de tomada de decisão. Este resultado é coerente com a falta de delegação para além dos níveis de gestão e é justificado pela falta de qualificação dos recursos humanos disponíveis, disseram.

Observou-se que todas as empresas analisadas possuíam mecanismos para detectar e resolver os problemas. Mais uma vez, estes mecanismos não estavam formalizados, baseando-se na comunicação informal e no contato direto entre os gestores e os colaboradores. Dada a pequena dimensão da maioria das empresas, estes mecanismos informais são suficientes para garantir a detecção e a solução antecipadas dos problemas. Igualmente, todas as empresas dispunham de mecanismos para a coleta de ideias, mas de natureza informal, apoiando-se no contato direto e na comunicação verbal. O mecanismo formal mais frequentemente utilizado consiste na realização de reuniões periódicas e na comunicação escrita entre as diferentes áreas funcionais.

Cultura corporativa

A cultura corporativa mais frequente nos ambientes combina aspectos das culturas paternalistas (20%), afirmativa (60%), integrativa (10%) e participativa (10%). As relações informais desempenham um papel-chave na detecção e na resolução de problemas e na coleta de ideias. Evidenciou-se uma cultura de proximidade entre as pessoas, na qual impera a comunicação informal e contínua. Os CEOs centralizam a tomada de decisão, embora exista uma partilha importante de ideias, estando eles disponíveis para os esclarecimentos necessários. A delegação de funções de gestão é nula, embora a maioria dos CEOs se declare favorável a ela. Por fim, há o interesse de manter uma estratégia ativa de inovação, apoiada por aptidões ligadas à gestão, tais como a capacidade para utilizar informação, a capacidade para trabalhar em situações ambíguas e, portanto, arriscadas, a cooperação, a liderança e a eficiência.

Estrutura organizacional

De modo a reduzir alguns níveis de gestão, os gestores interme-diários absorvem muitas das responsabilidades dos gestores de topo e dos supervisores, achatando as estruturas organizacionais, todavia, combinando vários critérios de departamentalização. Em síntese, a estrutura organizacional nas empresas pesquisadas foi apresentada da seguinte forma: estratégica, 11%; intermediária, 36%; operacional, 53%.

Quando analisada a flexibilidade organizacional, observou-se em 100% dos casos o seu bom funcionamento, o que se deve à defi-nição mais ou menos flexível das responsabilidades e dos proce-dimentos.

Ademais, 40% das empresas implementaram algum tipo de ino-vação organizacional de forma contínua; 40% de forma frequente e apenas 20% de forma rara. Algumas delas eram radicais nos processos de trabalho e/ou nas relações interpessoais durante os últimos dois anos. O mesmo acontecia nas adaptações organiza-cionais associadas à introdução de novas tecnologias.

Recursos humanos

Os recursos humanos, na ocasião, estavam organizados da se-guinte forma: 47,5% mestres, 27,5% bacharéis, 12,5% licenciados e 12,5% sem formação superior, mas com formação técnica. Ape-sar das evidências de um bom nível de qualificação dos recursos humanos, ponto forte para a inovação empresarial, ainda se faz necessário a presença de recursos humanos altamente qualifica-dos, como doutores e pós-doutores.

Mecanismos de coordenação interdepartamental

Para a coordenação específica dos diferentes departamentos, a dinâmica é a seguinte: continuamente, 60%, frequentemente 40%. Em 60% dos casos, encontramos também a utilização frequente de grupos interdepartamentais permanentes. Quando estes são temporários, sua utilização é menos frequente (40%). A utilização de posições de ligação e de integração é muito pouco frequente (20%), o que certamente é explicado pela reduzida dimensão das estruturas organizacionais.

Análise de projeto

Em relação à análise de projetos, 80% das empresas desenvolveram 90% de seus projetos no tempo e custo estimados; 80% têm 90% dos seus projetos aceitos pelos clientes; 80% fazem, pelo menos, 10% de alteração no projeto após a fase de implementação inicial e 60% fazem uso de, pelo menos, 90% dos ferramentais para o controle de processos.

Finalmente, após uma análise pormenorizada das diferentes práticas de gestão determinantes do sucesso da inovação tecnológica em um grupo de empresas do setor de TIC, duas grandes barreiras à inovação foram observadas. Uma delas é a falta de doutores à frente da gestão de topo ou dos processos tecnológicos. Essa lacuna é preenchida pela busca da formação contínua dos seus colaboradores. A outra é uma importante escassez na comunicação externa com os agentes geradores de conhecimento (universidades e institutos de pesquisa). Estas duas barreiras afetam outros aspectos, que também deveriam ser melhorados, como a delegação de funções de gestão e a descentralização da tomada de decisão, unidas a uma transição para culturas corporativas mais participativas e, portanto, favorecedoras da inovação.

Questões Para Discussão

1. A partir das práticas de gestão evidenciadas pelo estudo de caso, escolha três delas e pesquise sua implementação em alguma empresa da sua cidade ou região. Depois faça os seguintes registros:

   a. Quando foi implementada?

   b. O que levou à sua implementação?

   c. Quais os resultados após a sua implementação?

Pontos Importantes

1. A importância dos relacionamentos e do conhecimento gerado no interior de uma organização econômica pode ser explicada sob uma dupla perspectiva, complementares entre si: a base de uma economia dinâmica, na qual as interações sinérgicas entre os agentes econômicos é condição sine qua non, relaciona-se com as deliberações no tempo atual e os efeitos no porvir; e a constatação da tendência de substituição gradual da economia baseada em ativos tangíveis pela economia baseada em ativos intangíveis.

2. Em ambientes competitivos, as inovações tecnológicas são imprescindíveis à manutenção da vantagem competitiva empresarial e, consequentemente, do crescimento da produtividade, tornando constante a presença de spillovers.

3. O termo sinergia provém do grego synergos, que significa trabalhar em conjunto, o que só é possível, caro(a) leitor(a), por meio de interações entre diferentes agentes.

4. Os spillovers podem ser considerados como diferentes conhecimentos criados em determinada organização, ou em atividades conjuntas, e extravasados (transbordados) de onde foram originados.

5. Os spillovers não existiriam sem a existência de redes de inovação estabelecidas a priori.

6. A localização geográfica pode ser considerada um dos fatores influenciadores para a existência de spillovers.

7. A performance da empresa pode ser entendida como o desempenho competitivo, sendo sua análise feita no âmbito espacial, por haver uma relação recíproca e dinâmica entre a empresa e o ambiente no qual ela está inserida (local, região, país).

8. A inovação tecnológica está condicionada a uma série de fatores internos e externos às empresas.

9. Há várias denominações para a inovação, o que a leva ser entendida como um pequeno rótulo para uma grande variedade de fenômenos.

10. Muitas empresas hesitam em adotar práticas de gestão mais indicadas a uma situação intensa de competição de mercado, mesmo sendo estas de suma importância para uma boa performance empresarial.

11. As inovações tecnológicas estão mais relacionadas ao processo de produção de produtos e serviços, enquanto que as administrativas estão mais relacionadas à estrutura das organizações e aos processos administrativos.

EXERCÍCIOS PROPOSTOS

Questão I

O termo "interações sinérgicas" encontra sustentação na contribuição individual dos agentes (equipes, empresa, região). Diante desse entendimento, leia as proposições abaixo e assinale a alternativa que evidencia o conceito de interações sinérgicas.

1. Com mais de 80 anos de história, o Ultra é hoje um dos principais grupos empresariais do país. A companhia mantém posições de liderança nos segmentos de negócios em que atua: i) distribuição e varejo especializado, por meio da Ipiranga, no setor de combustíveis; da Ultragaz, no segmento de Gás Liquefeito de Petróleo (GLP) e Extrafarma, no varejo farmacêutico; ii) indústria de especialidades químicas, por intermédio da Oxiteno; iii) armazenagem de granéis líquidos, por meio da Ultracargo. (Fonte: http://www.ultra.com.br/show.aspx?idMateria=TIups+I93efio22tC8VUvA==)

2. No portfólio da BRF constam mais de 30 marcas, entre elas as gigantes Sadia e Perdigão que, juntas, deram início à história da BRF. Qualy e Perdix, entre outras, representam a companhia em todo o mundo, com um propósito em comum: produzir itens com um padrão de qualidade que começa com a criação de nossos animais e termina na mesa de nossos consumidores. (Fonte: https://www.brf-global.com/sobre/a-brf/quem-somos/)

3. Em 1999, as centenárias Cervejaria Brahma e Companhia Antarctica se uniram para criar a Companhia de Bebidas das Américas, a Ambev. As 16 mil pessoas que as duas empresas empregavam à época juntaram esforços para dar início ao que fazem até hoje: impulsionar o setor de bebidas brasileiro, possibilitar a entrada de novas marcas no mercado, ampliar o leque de produtos de qualidade a preços acessíveis, estimular a inovação, gerar empregos e recursos. (Fonte: https://www.ambev.com.br/sobre/)

4. A produção setorial entre o Paraná e o chamado "Restante do Brasil" (Brasil exceto Paraná) foi estimulada e analisada com a utilização dos sistemas inter-regionais de insumo-produto considerados nos anos de 1995 e 2000. Os resultados para o período em tela indicaram maior intensidade comercial entre estas regiões, bem como o crescimento da dependência do Paraná em relação ao Restante do Brasil. (RODRIGUES; MORETTO; SESSO FILHO; KURESKY, 2008)

ALTERNATIVAS

a. Todas as proposições estão corretas.

b. Todas as proposições estão incorretas.

c. Apenas as proposições I e III evidenciam o conceito de interações sinérgicas.

d. Apenas a proposição I evidencia o conceito de interações sinérgicas.

e. Apenas a proposição IV evidencia o conceito de interações sinérgicas.

Questão II

Sabe-se que, em muitos estudos empíricos, o crescimento econômico foi tratado como variável dependente, buscando-se os fatores mais influentes nessa variável. Entretanto, poucos são os estudos que têm contemplado os spillovers de conhecimento como fatores influenciadores do crescimento. Nossos estudos provocam, por meio de várias consultas à literatura existente sobre esse assunto, um maior entendimento sobre os spillovers. Estando ciente das principais características dos spillovers, leia as assertivas abaixo e indique a alternativa incorreta.

1. Spillovers são como diferentes conhecimentos criados em determinada organização, ou em atividades conjuntas, e extravasados (transbordados) de onde foram originados.

2. Os spillovers podem existir sem a presença de redes de inovação estabelecidas a priori.

3. Os spillovers baseiam-se na existência de fluxos de conhecimento, gerados a partir de Pesquisa e Desenvolvimento (P&D), que ocorrem no lado de fora da empresa, mas no interior de determinado território (local, regional, nacional).

4. Outra forma de entender os spillovers é como externalidades que fluem a partir dos usuários de inovação, correspondendo à difusão do conhecimento, tornando o conhecimento acessível a todos, contribuindo para a formação do conhecimento coletivo e evitando a sua exclusividade para alguma organização ou território.

QUESTÃO III

Os nossos estudos reforçaram o entendimento sobre performance empresarial. Assim, reconhecemos que, sejam quais forem, as atividades inovadoras devem resultar em uma melhor performance empresarial, relativamente à alcançada por empresas que não inovam. Diversos conceitos sobre medidas de desempenho econômico-financeiro são aplicados na avaliação da performance empresarial. Cite-os.

_____

_____

_____

_____

_____

QUESTÃO IV

No sentido de avaliar se algo é realmente inovador ou apenas uma simples melhoria, é preciso entender as diferenças existentes entre as duas situações. Esclareça essas diferenças entre inovação radical e inovação incremental.

_____

_____

_____

_____

_____

Questão V

A Organização para a Cooperação e Desenvolvimento Econômico (OCDE) destaca alguns tipos de inovação. Leia as proposições abaixo e apresente o tipo de inovação.

O uso de mídias sociais na internet é um exemplo desse tipo de inovação.	
Alteração significativa em características funcionais de produtos.	
O sistema de manufatura auxiliado por computador é um exemplo desse tipo de inovação.	
Tipo de inovação que pode ser obtida em qualquer uma das áreas da gestão empresarial.	
Esse tipo de inovação está relacionado à fidelização dos clientes.	
Aplicável tanto a produtos totalmente novos quanto aos casos de aperfeiçoamentos significativos nos produtos já existentes.	
O sistema matricial de liderança é um exemplo desse tipo de inovação.	
O telefone celular e os serviços de venda online são exemplos desse tipo de inovação.	
Ocorre quando os métodos de produção e distribuição dos produtos passam por mudanças significativas.	

RESPOSTA AOS EXERCÍCIOS PROPOSTOS

Questão I – Letra a

Questão II – II

Questão III – As vendas por colaborador, as exportações por colaborador, o crescimento das taxas de vendas, o ativo total ou os recursos, o emprego total, o lucro operacional e o retorno sobre o investimento.

Questão IV – As inovações que alteram completamente o conceito são chamadas de inovações radicais, já as melhorias são as inovações incrementais. As inovações incrementais são originadas em produtos ou processos existentes, fazem parte de um conjunto de melhorias contínuas, normalmente se restringem à área de atuação do grupo que desenvolveu o projeto e o tempo para se desenvolver a ideia e implantá-la é menor, bem como o risco é mais baixo. Já as inovações radicais mudam totalmente um conceito, resultam em produtos ou processos totalmente novos, afeta toda uma organização e possui alto risco.

Questão V – A ordem correta é a seguinte:

❚ Inovação organizacional

❚ Inovação de produto

❚ Inovação de processo

❚ Inovação organizacional

❚ Inovação organizacional

❚ Inovação de produto

❚ Inovação organizacional

❚ Inovação de produto

❚ Inovação de processo

REFERÊNCIAS

AMATO NETO, J. Disponível em: AMATO NETO, J. Disponível em: https://www. ideiasustentavel.com.br/wp-content/uploads/2015/01/IS36-Edicao-completa-FINAL.pdf. Acesso em: 15 out. 2019.

AMBEV. "Sobre a AMBEV". Disponível em: https://www.ambev.com.br/sobre Acesso em: 22 out. 2019.

APA dictionary of psychology. Disponível em: https://dictionary.apa.org/pairwise-comparison. Acesso em: 27 out. 2019.

ASSIS, O. R. de. "A inovação tecnológica nos processos gerenciais: Estudo de caso do uso do HOSPUB no hospital de Emergência e Trauma Senador Humberto Lucena". SEPRONC IV Simpósio de engenharia de produção da região nordeste. João Pessoa, Paraíba, 2009.

AUDRETSCH, D. B.; FELDMAN, M. P. "Knowledge Spillovers and the Geography of Innovation". *Handbook of Urban and Regional Economics*, v. 4, 2003.

AVANITIS, S.; HOLLERSTEIN, H. "The impact of spillovers and knowledge heterogeneity on firm performance: evidence from Swiss manufacturing". **In**: KLEINKNECHT, A.; MOHNEN, P. (ed.), p. 225-252, 2002.

BANCO MUNDIAL. "Conhecimento e inovação para a competitividade". Confederação Nacional das Indústrias. Brasília, CNI, 2008.

BARAÑANO, A. M. "Gestão de inovação tecnológica: estudo de cinco PMEs portuguesas". Revista Brasileira de Inovação, v. 4, n. 1, janeiro/junho, 2005.

BARZOTTO, L. C. MACHADO, N. D. D. P. "Ambiente de inovação em instituição hospitalar". Revista de Administração e Inovação, São Paulo, v. 9, n. 1, p.51-80, jan./mar. 2012.

BLANCHARD, O. *Macroeconomia*. 5. ed. Rio de Janeiro, Pearson Education, 2011.

BRAGA, A. M. da S. "Factores que influenciam a tomada de decisão em inovar nas empresas portuguesas". 125 p. Dissertação (Mestrado). Universidade de Trás-os-Montes e Alto Douro. 2010.

BRENNER, T.; BROEKEL T. "Methodological issues in measuring Innovation Performance of spatial Units". *Industry and innovation*, v. 18, n. 1, p. 7-37, 2011.

BRESCHI, S.; LISSONI, F. "Knowledge networks from patent data -methodological issues and research targets". In: MOED, H. F.; GOANZEL W.; SCHMOCH, U. (ed.), *Handbook of Quantitaive and Tecnology Research*. New York, Kluwer Academic Publisher, 2004.

BRITO, E. P. Z.; BRITO, L. A. L.; MORGANTI, F. "Inovação e o desempenho empresarial: lucro ou crescimento?" *RAE electron.*, São Paulo, v. 8, n. 1, jun. 2009. Disponível em: http://www.scielo.br/scielo.php?script=sci_arttext&pid=S1676-56482009000100007&lng=en&nrm=iso. Acesso em: 29 out. 2019.

BRF. "Quem somos". Disponível em: https://www.brf-global.com/sobre/a-brf/quem-somos/. Acesso em: 22 out. 2019.

CAMPOS, F. L. S. "Inovação, tecnologia e alguns aspectos da análise neoschumpeteriana". *Revista Eletrônica Administradores sem Fronteiras*. 2004. Disponível em: http://pt.scribd.com/doc/48304592/INOVACAO-TECNOLOGIA-E-ALGUNS-ASPECTOS-DA-ANALISE-NEO-SCUMPETERIANA. Acesso em: 06 nov. 2019.

CARNEIRO, A. S.; ARAUJO, A. R.; MASSON. R. "Modelos econômicos de Leontief". Disponível em: http://portaldeperiodicos.unibrasil.com.br/index.php/anaisevinci/article/view/219/209. Acesso em: 27 out. 2019.

CARON, A. "Inovação tecnológica em pequenas e médias empresas: Estratégias e dificuldades de inovação em medias empresas industriais do Paraná". *Revista Fae Business*. São Paulo: n. 8, maio/2004.

CASANOVA, L. M.; COSTA, S. S. "Interações sinérgicas em produtos naturais: potencial terapêutico e desafios". *Revista Virtual Quim.* v. 9, n. 2, p. 575-595, 2017. Disponível em: http://rvq.sbq.org.br/imagebank/pdf/v9n2a09.pdf. Acesso em: 27 out. 2019.

CASSIMAN, B.; VEUGELERS, R. "R&D cooperation and spillovers: some empirical evidence". IESE Research Papers D/430, IESE Business School, 2006.

CHAMINADE, C.; EDQUIST, C. "From theory to practice: the use of systems of innovation approach in innovation policy". In: HAGE, J.; MEENS, M. (ed.).

Innovation science and institutional change. Research Handbook. New york, Oxford University Press, 2006.

COOKE, P.; CLIFTON, N.; OLEAGA, M. "Social capital: firm embeddedness and regional development". *Regional Studies*, v. 39, n. 8, p. 1065-1077, 2005.

COSTA, M. I.; MAGALHÃES, C. F.; SILVEIRA, I. "A integração das instituições de ensino de moda e empresas têxteis catarinenses: Compromisso com a criação do conhecimento e inovação". IX Colóquio internacional sobre gestão universitária na América do Sul, Florianópolis-SC, novembro, 2009.

COSTA, P. S. "Práticas de gestão de inovação tecnológica: um estudo de caso das empresas graduadas do parque cientifico tecnológico de Itajubá". 2012. 58f. Monografia (Graduação em Economia). Faculdade de Ciências Sociais Aplicadas, Itajubá-MG, 2012.

CUNHA, M. P., REGO, A., CUNHA, R. C.; CABRAL-CARDOSO, C. *Manual de comportamento organizacional e gestão*. Lisboa, Editora RH, 2003.

CVS Sistemas. Disponível em: https://cvssistemas.com.br. Acesso em: 15 out. 2019.

DANIEL, E. M. "Determinantes da tomada de decisão em inovar: um estudo à luz das empresas de base tecnológicas (EBTS) no parque científico tecnológico de Itajubá (PCTI)". 44f. 2014. Monografia (Graduação em Economia). Faculdade de Ciências Sociais Aplicadas, Itajubá-MG, 2014.

DIEDEREN, P.; MEIJL, H.; WOLTERS, A. "Innovation and Farm Performance: the case of Dutch Agriculture". In: KLEINKNECHT, A.; MOHNEN, P. (ed.), p. 73-85, 2002.

DSPACE. "O desafio da inovação no desempenho empresarial: estudo de caso da Bematech". Disponível em: https://acervodigital.ufpr.br/handle/1884/41343. Acesso em: 20 out. 2019.

"Economia Comportamental". Disponível em: http://www.economiacomportamental.org/nacionais/spillovers/. Acesso em: 15 out. 2019.

FACCIN, K.; GENARI, D.; MACKEIZ, J. "Capital social: Recurso facilitador da inovação na gestão". *Revista de Administração e Inovação*, São Paulo, v. 7, n. 4, p.206-233, out./dez. 2010.

FAUSTINO, C. "Os impactos dos spillovers de conhecimento derivados das redes de inovação na performance das empresas: a evidência de uma revisão da literatura". 2011. 144f. Dissertação (Mestrado em Economia da Inovação e Empreendedorismo) – Universidade do Algarve, Algarve, 2011.

FAVRE, F.; NEGASSI, S.; PFISTER, E. "The Effects of Spillovers and Government Subsidies on R&D, International R&D Cooperation and Profits", In: KLEINKNECHT, A.; MOHNEN, P. (ed.), 201-224, 2002.

FERREIRA, J., MARQUES, C.; MONTEIRO BARATA, J. "Relação entre inovação, capacidade inovadora e desempenho: o caso das empresas da região da Beira Interior". *Revista de Administração e Inovação*, v. 4, n. 3, p. 117-132, 2007.

FESSELMEYER, E.; MIRMAN, L. J.; SANTUGINI, M. *Strategic interactions in a one-sector growth model. Cahiers de recherche.* HEC Montréal, Institut d'économie appliquée IEA, 13-01, 2015.

FILHO, A. I.; TOMÁS DE AQUINO, G. "Conhecimento, aprendizagem e inovação em organizações: uma proposta de articulação conceitual". Revista de Administração e Inovação, São Paulo, v. 7, n. 2, p. 127-149, abr./jun. 2010.

FISCHER, M. (ed.). *Innovations, networks and knowledges spillovers*, p. 170-185. Viena, Springer, 2006.

FONSECA, J. *Complexity and innovation in organizations.* London, Routledge, 2002.

FREITAS, M. M.; MUYLDER, C. F.de. "Inovação e empresa de base tecnológica: Estudo bibliométrico". XIII SEMEAD (Seminários em administração), setembro, 2010.

GIOTTO, O. T.; GOMES, G.; MACHADO NETO, D. D. P. "Análise do conteúdo dos artigos de inovação publicados nos anais do Altec, Simpoi e EnANPAD (2003 – 2007)". *Revista de Administração e Inovação*, São Paulo, v. 8, n. 4, p. 27-44, out./dez. 2011.

GUILHOTO, J. J. M.; HEWINGS, G. J. D.; SONIS, M. "Synergetic interactions between 2 Brazilian regions: an application of input-output linkages". Munich Personal RePEc Archive. Universidade de São Paulo, University of Illinois, 1999.

HARTMAN, A.; SILVA, F. G. da; REIS, D. R. dos; CARVALHO, H. G. de. "A promoção da inovação tecnológica nas organizações através da gestão do conhecimento: Um estudo de caso na indústria de embalagens". Paraná, Ponta Grossa, 2001.

KAPLAN, R. S.; NORTON, D. P. *A organização orientada para a estratégia: como as empresas que adotam o balanced scorecard prosperam no novo ambiente de negócios.* Rio de Janeiro, Alta Books, 2019.

KEMP, R. G. M.; FOLKERINGA, M; JONG, J. P. J. de; WUBBEN, E. F. M. *Innovation and firm performance. Research Report H200207, SCALES - Scientific Analysis of Entrepreneurship and SMEs.* Zoetermer, 2003

KLOMP, L.; VAN LEEUWEN, G. *The Importance of Innovation for Company Performance. Netherlands Official Statistics*, v. 14, Winter, 1999.

KOULOVATIANOS, C.; MIRMAN, L. J. *The effects of market structure on industry growth: rivalrous non-excludable capital. Journal of Economic Theory*, v. 133, n. 1, p. 199-218, 2007.

LEVHARI, D.; MIRMAN, L. J. *The great fish war: an example using a dynamic cournot-nash solution. The Bell Journal of Economics*, v. 11, n. 1, p. 322-334, 1980.

LÖÖF, H. "Outsourcing, innovation and performance in service and manufacturing industries". Conference innovation and enterprise creation: statistics and indicators. France, 2000.

MAISSONAVE, P. R.; PINTO, S. R. R. "Inovação e investimento no setor elétrico brasileiro sob a ótica de gestores de P&D". *Revista de Administração e Inovação*, São Paulo, v. 9, n.3, p.04-27, jul./set. 2012.

MARQUES, C. S. A. *"O impacto da inovação no desempenho econômico-financeiro das empresas industriais portuguesas".* 2004, 334f. Tese (Doutorado em Gestão). Universidade de Trás-os-Montes e Alto Douro (UTAD), Vila Real, Portugal, 2004.

MARSHALL, A. *Princípio de Economia.* São Paulo, Ed. Nova Cultura, 1985.

MATHEMATICS. "Understanding the Leontief inverse". Disponível em: https://math.stackexchange.com/questions/139801/understanding-the-leontief-inverse. Acesso em: 27 out. 2019.

MENEZES, U. G. de; KNEIPP, J. M.; BARBIERI, L. A.; GOMES, C. M. "Gestão da inovação para o desenvolvimento sustentável: Comportamento e reflexões sobre a indústria química". *Revista de Administração e Inovação*, São Paulo, v. 8, n. 4, p.88-116, out./dez. 2011.

MIRMAN, L. J. "Dynamic models of fishing: a heuristic approach". In: LIU, P. T.; SUTINEN, J. G. (ed.) *Control Theory in Mathematical Economics*, p. 39-73, Marcel Dekker, 1979.

MOCHÓN, F. *Princípios de economia*. Pearson, 2007.

MORETTO, A. C. "Relações setoriais e sinérgicas no sistema inter-regional sul-restante do Brasil". *Revista Análise Econômica*, Porto Alegre, v. 26, n. 49, p. 7-34, 2008.

MORRISON, A.; RABELLOTTI, R. "Knowledge and Information networks in an Italian Wine Cluster". *European Planning Studies*, v. 17, n. 7, p. 983-1006, 2009.

NDIWA, H. K. "The effect of innovation and technology management practices on business survival in the motor vehicle industry in Kenya". Tese de Doutorado. University of Nairobi, 2014.

NISIYAMA, E. K.; OYADOMARI, J. C. T. "Sistemas de controle gerencial e o processo de inovação". *Revista de Administração e Inovação*, São Paulo, v. 9, n. 1, p.106-125, jan./mar. 2012.

OCDE, Manual de Oslo. *Diretrizes para coleta e interpretação de dados sobre inovação*. 3. Ed. Paris: OCDE, 2005.

PADILHA, E. "Diferencial competitivo e vantagem competitiva". 2010. Disponível: http://www.eniopadilha.com.br/artigo/1221/diferencial-competitivo-e-vantagem-competitiva. Acesso em: 6 nov. 2019.

PROCON CAMPINAS. "Procon alerta que supermercados devem dar alternativa para sacola plástica". Disponível em: https://procon.campinas.sp.gov.br/procon-alerta-que-supermercados-devem-dar-alternativa-para-sacola-pl-stica. Acesso em: 15 out. 2019

PWC BRASIL. "Fusões e Aquisições no Brasil". Abril, 2019. Disponível em:https://www.pwc.com.br/pt/estudos/servicos/assessoria-tributaria-societaria/fusoes-aquisicoes/2019/fusoes-e-aquisicoes-no-brasil-abril-2019.html. Acesso em: 6 nov. 2019.

QIU, J.; WAN, C. "Technology spillovers and corporate cash holdings". *Journal of Financial Economics*, n. 115, p. 558-573, 2015.

RODRIGUES, R. L; MORETTO, A. C.; SESSO FILHO, U. A.; KURESKY, R. "Relações sinérgicas e efeitos sobre a produção setorial no sistema inter-regional Paraná-Restante do Brasil". *RESR*, v. 46, n. 3, p. 623-646, Piracicaba, São Paulo, 2008.

HEEHKENS, H. "Assessing the Importance of Factors Determining Decision-Making by Actors Involved in Innovation Processes". *Creativity and Innovation Management*, v. 15, n. 4, p. 385-399, 2006.

SCHMITZ, A. et al. "As interações de conhecimento nos sistemas de inovação: uma análise bibliométrica e as formas de interação identificadas". *Perspectivas em Gestão & Conhecimento*, v. 5, n. Especial, p. 69-85, João Pessoa, 2015.

SANDVEN, T; SMITH, K. "Innovation and economic performance at the enterprise level". 2001. Disponível em: https://www.semanticscholar.org/paper/Innovation-and-economic-performance-at-the-level-Sandven-Smith/097eac4fe7d14098f89627598b06dc8e867387ef. Acesso em: 20 out. 2018.

SEBRAE. "Pequenos negócios em números". Disponível em: http://www.sebrae.com.br/sites/PortalSebrae/ufs/sp/sebraeaz/pequenos-negocios-em-numeros,12e8794363447510VgnVCM1000004c00210aRCRD. Acesso em: 22 out. 2019.

SESSO FILHO, U. A.; MORETTO, A. C; RODRIGUES, R. L; GUILHOTO, J. J. M. "Interações sinérgicas e transbordamento do efeito multiplicador de produção das grandes regiões do Brasil". *Economia Aplicada*. São Paulo, v. 10, n. 2, p. 225-247, 2006.

SILVA, A. S. B. da. "Condicionantes da investibilidade em cidades brasileiras selecionadas: um estudo à luz do modelo de regressão linear de efeito misto para o período 2002-2010". 2012, 205f. Tese (Doutorado em Gestão) Universidade de Trás-os-Montes e Alto Douro (UTAD), Vila Real, Portugal, 2013.

SILVA, A. S. B. da; PAIVA E SILVA, R. de; MARQUES, C. S. E.; CAMPOS, F. L. S. VIRGINIO, F. E. P. "Gestão da inovação tecnológica: estudo multicaso em empresas de base tecnológica". In: Congresso Latino-Americano de Gestão Tecnológica, 26, 2015, Rio Grande do Sul. *Anais* [...]. Rio Grande do Sul: ALTEC, 2015.

SILVA, M. J.; MAINARDES, E. W.; RAPOSO, M. "Determinantes internos e externos da capacidade inovadora das empresas de serviços portuguesas: modelo logit". *REGE*. v.19, n. 1, p. 39 – 54, 2012.

SILVEIRA NETO, R. M. "Localização, crescimento e spillovers". In: Encontro Nacional de Economia, 29, 2001, Bahia. *Anais* [...]. Bahia: ANPEC, 2001.

SONIS, M.; HEWINGS, G. J.; D.; MIYAZAWA, K. "Synergetic Interactions within the Pair-wise Hierarchy of Economic Linkages Sub-Systems". *Hitotsubashi Journal of Economics*. v. 38, n. 2, p. 183-199, 1997.

STOECKICHT, I. P. "Gestão estratégica do capital humano – Avaliando o potencial de inovação de uma empresa: Estudo de caso". Niterói - RJ, 2005.

TIDD, J.; BESSANT, J.; PAVITT, K. *Managing Innovation: integrating technological, market and organizational change.* Chichester, John Wiley & Sons, 1997.

TIGRE, P. B. *Gestão da inovação: a economia da tecnologia no Brasil.* Rio de Janeiro, Editora Campus, Elsevier, 2006.

ULTRA. "Perfil". Disponível em: http://www.ultra.com.br/show. aspx?idMateria=TIups+l93efio22tC8VUvA== Acesso em: 22 out. 2019.

UNSAL, E.; CETINDAMAR, D. "Technology management capability: definition and its measurement". *European International Journal of Science and Technology*, v. 4, n. 2, p. 181-196, 2015.

VILELA JÚNIOR, D. C. "Os spillovers e a sua influência na criação de conhecimento em clusters industriais". *Gestão e Desenvolvimento*. Novo Hamburgo, v. 12, n. 1, p. 50-69, 2015.

VILELA, V. "O que é um diferencial competitivo". 2011. Disponível: http://www.becosemsaida.blog.br/2011/02/o-que-e-o-dierencial-competitivo/#comment-. Acesso em: 6 nov. 2019.

CAPÍTULO 2

O Papel do Local na Performance da Empresa sob a Perspectiva dos Fatores de Localização

Prezado(a) leitor(a), este capítulo tem como objetivo externar a importância dos empreendedores e empresários conhecerem o local (cidade, região, país) onde pretendem alocar suas plantas produtivas. Conhecer o local significa explorar de forma mais eficiente os chamados fatores condicionantes da localização empresarial, possibilitando a tomada de decisões mais assertivas. Neste capítulo, o assunto será apresentado sob a perspectiva dos fatores locacionais clássicos e contemporâneos.

Uma vez que este livro se desenvolveu em torno de uma problemática que envolve empresas de tecnologia, optamos por dar ênfase ao que chamaremos de EBT, ou empresa de base tecnológica.

O QUE VOCÊ ENCONTRARÁ NESTE CAPÍTULO:

- Uma abordagem sobre os fatores locacionais clássicos e contemporâneos
- Estudo de caso com ênfase em empresas de base tecnológica

A decisão sobre a localização das empresas, sejam elas de pequeno, médio ou grande porte, do setor de indústria ou de serviços, é influenciada, desde muito tempo (século XIX), pelos fatores clássicos de localização. Estes fatores dão suporte à identificação de tendências de aglomeração e/ou dispersão das atividades econômicas, explicando as vantagens e as desvantagens que as regiões possuem na atração de empreendimentos/investimentos. Logo, a busca por compreender os fatores que determinam a localização espacial no processo produtivo já perdura há mais de dois séculos, garantindo àqueles que se debruçaram primeiramente sobre a temática e que revelaram achados que sobrevivem até hoje, o título de teóricos clássicos. Estes, assentados nas Teorias Clássicas da Localização, definem como fatores de localização as vantagens geográficas que um lugar pode apresentar em relação a outros, por possuírem condições de custo total mais atrativas e proporcionarem a maximização dos lucros.

Organizamos, no Quadro 1, os principais teóricos clássicos e suas respectivas abordagens.

Quadro 1: Abordagens clássicas dos fatores de localização

Vön Thunen (1826)	Renda fundiária: o fator distância é determinante na definição de localização da renda fundiária.
Marshall (1890)	Economias de aglomeração e conceito de distrito industrial.
Weber (1909)	Minimização de custos: custos de transporte, de trabalho e as vantagens relacionadas à aglomeração.
Christaller (1933)	Teoria dos lugares centrais.
Hoover (1948)	Divisão espacial do mercado, combinando aglomeração e custos de transporte.
Lösch (1954)	Área de mercado: esta é homogênea, tal como a procura; custos de transporte proporcionais à distância a ser percorrida.

Fonte: Ferreira *et. al.*; Toledo

Deste modo, os fatores intervenientes na localização tornaram-se valorosos na elaboração das estratégias empresariais e nas políticas de desenvolvimento de um local (cidade, região, país). A questão "onde produzir", ou seja, onde localizar a planta produtiva ou alocar uma quantidade maior de investimentos, vem ocupando as mentes de empresários, *policy makers* e investidores nacionais e estrangeiros.

Um segmento de empresas intituladas "de base tecnológica" tem sido alvo de um crescente número de estudos. A criação de empresas desse segmento tem sido visto como um mecanismo de transferência de tecnologia, que atrai a atenção por parte de instituições de pesquisa e governamentais na promoção e na conservação do patrimônio científico dentro do território nacional, diversificando a economia, gerando empregos e dinamizando a indústria, por meio da participação ativa da investigação, subsidiando a sociedade. Estas empresas são responsáveis por criar e difundir inovações que acabam agregando valor aos seus produtos e contribuindo com inovações e melhorias tecnológicas geradas por todas as empresas (OECD, 2008).

A importância e a contribuição das EBTs para o desenvolvimento regional, por meio da ação empreendedora — fazendo gerar empregos e difundindo novas tecnologias nos produtos, serviços e processos organizacionais — permeou muitos estudos na área das ciências sociais aplicadas, resultando em uma abordagem mais atualizada por meio dos chamados fatores contemporâneos. Essa abordagem também considera os fatores clássicos como determinantes, entretanto, alguns outros fatores que emergiram com a dinâmica da globalização foram adicionados, a saber: incentivos fiscais governamentais, mercados globais, implantação de distritos industriais, proximidade de centros de pesquisa, disponibilidade de capital, cultura empreendedora, integração de redes, entre outros.

Especificamente para as EBTs, a disponibilidade de capital, representada pelos investimentos a longo prazo em P&D, políticas públicas voltadas ao capital de risco, subsídios, entre outros fatores, formam um meio favorável ao seu desenvolvimento.

Outros estudos elencam o papel das cidades menores, por apresentarem um meio mais calmo, com mais qualidade de vida, o que é de grande valor para os funcionários qualificados.

Há alguns estudos, como o de Roger Hayter, que propõem a análise dos fatores apoiada em três abordagens distintas, a saber: **abordagem comportamental**, que engloba situações de incerteza e pouca informação; **abordagem neoclássica**, centrada na teoria de localização voltada para a maximização dos lucros e a minimização dos custos; **abordagem institucional**, uma vez que, além do local adequado, a infraestrutura institucional também é de grande importância, pois nela estão clientes, fornecedores, associações comerciais, sistemas regionais, governo e demais empresas.

Algumas lentes teóricas têm revelado um grande peso dos fatores comportamentais na decisão de localização de empresas, não sendo percebido o mesmo para os fatores relacionados às abordagens neoclássica e institucional.

Atualmente, há um forte apelo à criação de EBTs, mais especificamente aquelas consideradas de tecnologia avançada/alta tecnologia (*high tech*)/tecnologia de ponta ou, mais correntemente chamadas, de Indústria 4.0. As EBTs possuem produtos e/ou processos exclusivos, com alto nível de conhecimento científico e, geralmente, se instalam nos setores de informática, robótica, biotecnologia, mecânica fina, aeroespacial, semicondutores e afins.

A REALIDADE EM PAUTA

INCENTIVO À INDÚSTRIA 4.0 NO BRASIL ESTIMULA PROJETOS DE GRANDE ESCALA PARA AUTOMAÇÃO

O Ministério da Indústria, Comércio Exterior e Serviços tem como meta que 15% das empresas brasileiras possam ser conceituadas como Indústria 4.0 em até oito anos. E é exatamente para estimular a Quarta Revolução Industrial no Brasil que o governo federal lançou, no primeiro semestre de 2018, um pacote de incentivos à modernização do parque fabril nacional, no montante de R$ 8,6 bilhões. De acordo com o Ministério, este tipo de incentivo, que vai financiar o investimento de empresas em tecnologia, já é utilizado em países como Alemanha, Estados Unidos, China e Portugal.

Fonte: Disponível em: https://exame.abril.com.br/negocios/dino/incentivo-a-industria-40-no-brasil-estimula-projetos-de-grande-escala-para-automacao/

Apesar dos esforços despendidos pelos estudiosos até aqui, faz-se necessário apontar a dificuldade de tangibilizar alguns fatores, haja vista o fato de muitos deles considerarem o arcabouço político ou a dimensão pessoal. Ademais, a dinamicidade dos fatores de localização pode variar de acordo com a ocorrência de recursos naturais, o capital humano, as tecnologias disponíveis, as preferências e a localização de consumidores, as políticas do governo e as influências institucionais.

Própria de regiões com intenso potencial tecnológico, a existência de polos tecnológicos também é outro fator determinante para a localização das empresas. Tradicionais — como a maioria dos distritos industriais — ou tecnológicos — abrigando EBTs atraídas pela inovação, pela articulação entre instituições de ensino e pesquisa e por recursos humanos de excelência — eles são um importante ponto de referência para as empresas.

A LITERATURA EM FOCO

LOCALIZAÇÃO E DESENVOLVIMENTO DE ALTA TECNOLOGIA: O CASO DE ORANGE COUNTY

Ao estudar empresas de alta tecnologia nos Estados Unidos, Craig Galbraith identificou três aspectos que influenciaram a decisão da localização dessas empresas: avaliação da personalidade pessoal e profissional, cultura e modo de vida e desejo do fundador da empresa de viver nessa localidade.

Fonte: https://journals.sagepub.com/doi/abs/10.2307/41165172?journalCode=cmra

Do exposto acima, delineou-se o Quadro 2, com os principais fatores (clássicos e contemporâneos) que, acredita-se, influenciam decisões de localização de empresas, nomeadamente as EBTs.

Como o(a) leitor(a) pode observar, parte dos elementos é de ordem natural ou técnica, como as características topográficas, climáticas ou logísticas. Outra parte pode ser atribuída a aspectos sociais ou culturais presentes em um local, cuja influência sobre as decisões de localização de empreendimentos de alta tecnologia é relevante. Assim se classificam, por exemplo, o grau de empreendedorismo presente na sociedade local — que pode ser uma característica herdada por uma população ou desenvolvida por meio de mecanismos de educação ou incentivo —, a propensão ao risco, a história da indústria local, a base tecnológica existente, entre outros.

Quadro 2: Fatores clássicos e contemporâneos para as EBTs

CLÁSSICOS	
Descrição do fator	**Principais autores**
Transportes (aspectos quantitativos)	Weber, Von Thunen, Hotelling, Isard, Losch, Castells, Hall e Glasmeier
Mão de obra (aspectos quantitativos)	Weber, Losch, Castells, Markusen, Hall e Glasmeier
Disponibilidade e custo de água e energia	Weber
Proximidade e suprimentos de insumos e materiais	Weber
Remoção de esgoto ou resíduos	Reed
Proximidade e dimensão dos mercados consumidores	Losch
Disponibilidade e custo de terrenos	Weber, Murphy
Custo de construção, montagem e manutenção	Reed
Economias de aglomeração	Weber, Losch, Castells, Markusen, Hall e Glasmeier, Medeiros

CONTEMPORÂNEOS	
Descrição do fator	**Principais autores**
Relações interempresas e entre agentes do meio	Hotelling, Castells
Força de trabalho (inclusão dos aspectos qualitativos)	Castells, Dortman, Mitra
Universidades e centros de formação e pesquisa (base científica local)	Castells, Murphy, Bolton, Medeiros
Valorização social do espaço	Castells
Qualidade da habitação, do sistema de saúde e da educação	Castells
Qualidade do meio ambiente (condições de realização do bem-estar do homem)	Castells, Murphy
Condições de circulação urbana (inclusão dos aspectos qualitativos)	Castells
Participação do setor público	Medeiros, Castells
Participação de outros parceiros (rede de empresas, instituições ou pessoas; empresas consolidadas)	Medeiros
Capital	Castells. Dorfman, Murphy, Bolton. Medeiros
Perfil empresarial da comunidade local	Murphy
Condições de acesso à informação	Castells

Fonte: Toledo

MOMENTO DO DESAFIO

A INOVAÇÃO SOB A PERSPECTIVA DAS MICRO E PEQUENAS EMPRESAS

Como vimos, a determinação do local mais apropriado à instalação de uma empresa, independentemente do setor da atividade econômica e porte, é fator imprescindível à performance empresarial. Para que esta decisão seja tomada de forma mais assertiva, faz-se necessário a análise de alguns fatores que influenciaram os processos produtivos/empresariais. Aprendemos que esses fatores podem ser classificados como clássicos e contemporâneos.

Desafio

A partir do aprendizado obtido neste capítulo, escolha uma empresa de médio ou grande porte, da sua cidade ou região, e identifique pelo menos dois fatores clássicos e dois fatores contemporâneos que influenciaram a sua instalação nesse local. Antecipadamente, entre em contato com a empresa e procure identificar qual o colaborador mais indicado para dar tais respostas.

A seguir, será apresentado um estudo de caso com empresas tradicionais e do setor de tecnologia, onde é evidenciada a percepção dos empreendedores em relação aos fatores clássicos e contemporâneos de localização.

ESTUDO DE CASO

A PERCEPÇÃO DE EMPREENDEDORES SOBRE O GRAU DE IMPORTÂNCIA DOS FATORES LOCACIONAIS CLÁSSICOS E CONTEMPORÂNEOS EM EMPRESAS TRADICIONAIS E DO SETOR DE TECNOLOGIA[1]

Empresas do Setor de Tecnologia

Localizadas no interior do estado de São Paulo, as empresas arroladas nesta primeira parte do estudo de caso incluem em seus portfólios serviços de desenvolvimento de sistemas corporativos, aplicações web sob encomenda, soluções já desenvolvidas para planejamento, gestão empresarial e comércio eletrônico, além de algumas delas ofertarem serviços em automação de equipamentos e processos. Essas empresas são especialistas em tecnologia da informação e têm seu foco nos resultados de seus clientes. Desta maneira, oferecem ao mercado soluções prontas, que contribuem com o melhor planejamento e a melhor tomada de decisão na gestão empresarial. Estão sempre em busca de resultados inteligentes e de uma boa relação custo-benefício.

Fundamentado em entrevistas com os empreendedores do grupo de EBTs — que se deu em torno da sua percepção, levando em consideração a importância dos fatores clássicos e contemporâneos de localização —, extraiu-se um conjunto de dados e informações relevantes , provendo empreendedores, gestores e governo local com informações que puderam nortear sua tomada de decisão no que se refere à alocação de recursos. Ademais, eles puderam indicar as forças ambientais restritivas do seu negócio, bem como sugerir medidas que facilitassem sua realização e apoio.

---

1 Caso baseado em pesquisas realizadas por Antônio Francisco de Toledo e Karolayne Cristina Damázio, sob a orientação do prof. Antônio Suerlilton Barbosa da Silva.

A entrevista se deu com base nos seguintes fatores clássicos: custo de transporte, mão de obra, infraestrutura, aproximação e suprimento de insumos materiais, aproximação e dimensão dos mercados consumidores, economias de aglomeração, e contemporâneos: relações entre empresas e agentes, força de trabalho, instituição de ensino e pesquisa, qualidade no meio ambiente, transporte, participação setor público, participação de outros parceiros, capital, perfil empresarial e condições de acesso à informação.

Na ocasião, o empreendedor atribuiu uma escala de importância a cada um dos fatores de localização trabalhados. A escala conceitual trazia quatro conceitos, a saber: decisivamente importante, importante, indiferente, não é importante.

Os principais resultados da análise estão materializados nos quadros 3 e 4 abaixo.

Quadro 3: Principais fatores locacionais (EBT)

Fatores clássicos	Conceito	Percepção do empreendedor
Custo de transporte	Decisivamente importante	20%
	Importante	60%
Custo de mão de obra	Decisivamente importante	60%
	Importante	40%
Infraestrutura[2]	Decisivamente importante	60%
	Importante	40%

---

2 Disponibilidade e custo de água e energia, remoção de esgotos e resíduos, disponibilidade e custo de terrenos, custo de construção, montagem e manutenção de edificações.

Fatores clássicos	Conceito	Percepção do empreendedor
Proximidade de fontes de matéria-prima	Decisivamente importante	20%
	Importante	0%
Proximidade e dimensão dos mercados consumidores	Decisivamente importante	40%
	Importante	
Economia de aglomeração[3]	Decisivamente importante	70%
	Importante	

Fonte: elaborado pelos autores

A análise dos dados revelou uma relativa importância dos fatores clássicos na localização das EBTs participantes da pesquisa, podendo-se afirmar que estes fatores são necessários na explicação da lógica de localização das empresas, porém insuficientes, haja vista o fato de os resultados sinalizarem a existência de outros fatores que suportam a tomada de decisão do empreendedor para alocar ali sua atividade econômica. Frente à emergência desses novos elementos, vêm-nos à tona os denominados fatores contemporâneos.

---

3   Este fator é resultante de uma composição de diversos outros elementos, alguns deles já mencionados anteriormente.

Quadro 4: Principais fatores locacionais (EBT)

Fatores contemporâneos	Conceito	Percepção do empreendedor
Relações entre empresas e entre agentes do meio	Decisivamente importante	60%
	Importante	40%
Aspectos qualitativos da força de trabalho	Decisivamente importante	80%
	Importante	20%
Presença de universidades e centros de formação e pesquisa[4]	Decisivamente importante	60%
	Importante	40%
Qualidade (educação, sistema de saúde, habitação e meio ambiente)	Decisivamente importante	40%
	Importante	40%
Condições de circulação urbana, interurbana e aérea	Decisivamente importante	60%
	Importante	
Participação do setor público e outros parceiros	Decisivamente importante	80%
	Importante	

---

4   Esse fator, quando desagregado, possibilita a percepção de quatro subfatores, a saber: interação entre EBT, instituições de ensino e pesquisa e incubadoras; localização de uma incubadora dentro de um campus; localização de uma incubadora/EBT próxima ao campus de uma universidade (até 5 km); existência de comportamentos empreendedores significativos nas EBTs.

Fatores contemporâneos	Conceito	Percepção do empreendedor
Proximidade de fontes de capital[5]	Decisivamente importante	80%
	Importante	
Perfil empresarial da comunidade local	Decisivamente importante	60%
	Importante	40%
Condições de acesso à informação	Decisivamente importante	80%
	Importante	

Fonte: elaborado pelos autores

O exposto permite-nos afirmar que os fatores clássicos de localização das EBTs são necessários, mas insuficientes para explicar a localização dessas empresas, e que novos elementos (fatores contemporâneos), relacionados ao novo paradigma tecnológico, assumem importância relativamente maior se comparados aos fatores clássicos.

Empresas Tradicionais

Nesta segunda parte do estudo de caso, as empresas envolvidas também estão localizadas no interior do estado de São Paulo, mas em setores mais tradicionais da economia, como o industrial. Assim como na primeira parte, fundamentado em entrevistas com os empreendedores dessas empresas, extraiu-se um conjunto de dados e informações relevantes a partir da sua percepção em torno da importância dos fatores clássicos e contemporâneos de localização. Os principais resultados da análise estão materializados nos quadros 5 e 6 a seguir.

---

5   Essa percepção cai por terra, quando esse capital é de risco, em 40%.

Quadro 5: Principais fatores locacionais (empresas tradicionais)

Fatores clássicos	Conceito	Percepção do empreendedor
Custo de transporte	Decisivamente importante	0%
	Importante	16,7%
Custo de mão de obra	Decisivamente importante	16,7%
	Importante	83,3%
Infraestrutura	Decisivamente importante	33,3%
	Importante	50%
Proximidade de fontes de matéria-prima	Decisivamente importante	16,7%
	Importante	16,7%
Proximidade e dimensão dos mercados consumidores	Decisivamente importante	0%
	Importante	66,7%
Economia de aglomeração	Decisivamente importante	0%
	Importante	50%

Fonte: elaborado pelos autores

Quadro 6: Principais fatores locacionais (empresas tradicionais)

Fatores contemporâneos	Conceito	Percepção do empreendedor
Relações entre empresas e entre agentes do meio	Decisivamente importante	16,7%
	Importante	50%
Aspectos qualitativos da força de trabalho	Decisivamente importante	16,7%
	Importante	66,7%
Apoio estatal	Decisivamente importante	16,7%
	Importante	50%
Qualidade (educação, sistema de saúde, habitação e meio ambiente)	Decisivamente importante	16,7%
	Importante	66,7%
Participação do setor público e outros parceiros	Decisivamente importante	50%
	Importante	
Proximidade de fontes de capital	Decisivamente importante	16,7%
	Importante	66,7%

Fonte: elaborado pelos autores

Levando em consideração que os grupos de empresas analisados são de setores diferentes, mesmo que uma ou outra empresa encontre-se em uma área de interseção, os resultados dos fatores semelhantes analisados para as empresas tradicionais não se distanciaram significativamente dos resultados anteriores para as EBTs, com algumas mínimas exceções (por exemplo, a inversão de percepção entre decisivamente importante e importante). O que é bastante coerente, haja vista o fato de ambos os grupos de empresas estarem localizados no mesmo local.

Sendo assim, a lição assimilada a partir deste estudo de caso é a seguinte: independentemente do setor de atuação das empresas (tradicional ou tecnológicos), se elas estão em um mesmo local, os fatores da localização empresarial poderão ter semelhantes influências sobre elas, cabendo aos seus gestores identificar aqueles mais significativos para a tomada de decisão.

Questões para Discussão

1. De que forma o fator "Aspectos qualitativos da força de trabalho" pode afetar a decisão de localização de uma planta produtiva?

2. Quais argumentos você teria para o percentual de 20% atribuído pelos empreendedores das EBTs ao fator "Proximidade de fontes de matéria-prima"?

3. Que outro fator da localização empresarial não abordado pelo texto você inferiria como clássico ou contemporâneo?

4. Justifique a afirmação a seguir: "O conhecimento dos fatores da localização empresarial pode levar a uma tomada de decisão eficiente por parte de empresários e *policy makers*, haja vista a redução dos riscos na alocação de recursos".

5. Você concorda que os fatores da localização empresarial podem influenciar igualmente empresas de diferentes setores? Justifique sua resposta.

Pontos Importantes

1. A decisão de localização das empresas é influenciada, desde muito tempo (século XIX), pelos fatores clássicos de localização.

2. A importância e contribuição das EBTs para o desenvolvimento regional resultou em uma abordagem mais atualizada da determinação da localização por meio dos chamados fatores contemporâneos.

3. Alguns estudos propõem a análise dos fatores de localização apoiada em três abordagens distintas, a saber: abordagem comportamental, abordagem neoclássica e abordagem institucional.

4. Faz-se necessário apontar a dificuldade de tangibilizar alguns fatores, haja vista o fato de muitos deles considerarem o arcabouço político ou a dimensão pessoal.

EXERCÍCIOS PROPOSTOS

Questão I

Independentemente do tipo de negócio, as decisões sobre localização são estratégicas e fazem parte do processo de planejamento. A falta de atenção a pequenos detalhes pode trazer desvantagens comprometedoras para o empreendedor. Tendo como base que, neste capítulo, localizar significa determinar o local que a base de operações ocupará, onde serão fabricados os produtos ou prestados os serviços e/ou onde se administrará o empreendimento, busque na literatura a opinião de dois autores concernentes à decisão de localização de empresas e, na sequência, registre suas contribuições ao conhecimento já apreendido aqui.

_____

_____

_____

_____

_____

Questão II

A busca por compreender os fatores que determinam a localização espacial no processo produtivo já perdura há mais de dois séculos. Aqueles que se debruçaram primeiramente sobre a temática e que revelaram achados que sobrevivem até hoje são chamados de teóricos clássicos da localização. Dos teóricos relacionados abaixo, a qual deles cabem os créditos quanto à criação do termo distrito industrial?

a. Vön Thunen   **d.** Christaller

b. Marshall   **e.** Lösch

c. Weber

QUESTÃO III

Empresas de Base Tecnológicas – EBTs são empresas criadas com a finalidade de desenvolver produtos, serviços ou processos produtivos com conteúdo tecnológico novo, ou com aprimoramento significativo de tecnologia, oriundos de pesquisa científica ou da aplicação de técnicas complexas. Sabendo disso, marque a alternativa que apresenta um conteúdo que não diz respeito às EBTs.

a. Domínio intensivo do conhecimento científico e tecnológico

b. Contam com uma alta capacidade inovadora

c. Normalmente contam com um departamento próprio de P&D

d. Encontram-se nas fases menos avançadas da tecnologia e do mercado

e. Produzem produtos com um longo ciclo de vida

QUESTÃO IV

Parte dos elementos identificados como clássicos e contemporâneos é de ordem natural ou técnica, ou atribuída a aspectos sociais ou culturais presentes em um local, cuja influência sobre as decisões de localização de empreendimentos de alta tecnologia é relevante. Dentre esses elementos, um deles é tipicamente contemporâneo. Aponte-o nas alternativas disponíveis abaixo.

a. Tecnologias da informação e conhecimento disponíveis

b. Custo do transporte

c. Custo da mão de obra

d. Mercados consumidores próximos

e. Infraestrutura

RESPOSTA DOS EXERCÍCIOS PROPOSTOS

Questão I: Resposta aberta

Questão II: b

Questão III: e

Questão IV: a

REFERÊNCIAS

BARQUETTE, S. M. V. "Fatores de Localização de Incubadoras e Empreendimentos de Alta tecnologia". *Revista de Administração de Empresas*. São Paulo, v. 42, n. 3, p. 101-113, 2002. Disponível em: http://www.scielo.br/pdf/rae/v42n3/v42n3a09.pdf. Acesso em: 27 jan. 2020.

BARROSO, Filipe Ramos. "Fatores de localização de empresas de tecnologia da informação em parques tecnológicos do estado do Rio Grande do Sul". 2007. 161 f. Dissertação (Mestrado em Administração). Universidade Federal do Rio Grande do Sul, Porto Alegre, 2007.

CÔRTES, M. R. *et. al.* "Cooperação em empresas de base tecnológica: uma primeira avaliação baseada numa pesquisa abrangente". *São Paulo em Perspectiva*, São Paulo, v. 19, n. 1, p. 85- 94, jan./mar., 2005.

DAMÁZIO, K. C. de. "Determinantes de localização industrial: estudo multicaso com empresas itajubenses". 2019. 49f. Monografia (Graduação em Economia) – Faculdade de Ciências Sociais Aplicadas, Itajubá/MG, 2019.

FERREIRA. J. J. M. *et al.* "Teorias de localização aplicadas às empresas de base tecnológica: um estudo empírico". *Revista de Administração e Inovação*. São Paulo, v. 7, n. 4, p. 43-65, 2010. Disponível em: http://revistas.usp.br/rai/article/view/79191. Acesso em: 27 jan. 2020.

FILHO, J. B. O.; FILION, L. J. "Advantages of technological base enterprises creation as instrument of technology transference". *Rev. Ciênc. Admin.*. Fortaleza, v. 14, n. 1, p. 23-32, 2008. Disponível em: https://pdfs.semanticscholar.org/f934/1769e06ca96ef23a195d3ffa3492b3792770.pdf?_ga=2.192478250.1093865504.1580151145-930088303.1580151145. Acesso em: 27 jan. 2020.

GALBRAITH, C. S. "High-technology location and development: the case of Orange County". *California Management Review*, v. 28, n. 1, p. 98-109. Disponível em: https://doi.org/10.2307/41165172. Acesso em: 27 jan. 2020.

HAYTER, R. "The dynamics of industrial location: the factory, the firm and the production system New York: Wiley, 1997." Disponível em: http://www.revistas.usp.br/rai/article/view/79191/pdf_2. Acesso em: 27 jan. 2020.

MARCOVITCH, Jacques; SANTOS, Sílvio A. dos; DUTRA, Ivan. "Criação de empresas com tecnologias avançadas: as experiências do PACTO/IA - FEA - USP". *Revista de Administração*: v. 2, n 2, p. 3-9, abr/jun, 1986.

MARTINS, G. W. "Uma contribuição aos estudos de localização industrial: determinando o potencial de transporte aéreo de uma região com base no modelo de análise hierárquica COPPE-COSENZA; COPPE/UFRJ". 2010.

OECD. "Organization For Economic Cooperation And Development (OECD)", 2008. Disponível em: http://www.oecd.org. Acesso em: Acesso em: 27 jan. 2020.

TOLEDO, A. F. de. "Empresas de base tecnológica: um estudo sobre a percepção dos seus CEO sobre o grau de importância dos fatores locacionais clássicos e contemporâneos em Itajubá-MG". 2015. 61f. Monografia (Graduação em Economia). Faculdade de Ciências Sociais Aplicadas, Itajubá-MG, 2015.

CAPÍTULO 3

Aglomerações Produtivas Locais

Prezado(a) leitor(a), este capítulo tem como objetivo desmitificar algumas das inúmeras nomenclaturas criadas por diversas lentes teóricas de certas áreas do conhecimento, particularmente a Economia, a Sociologia e a Geografia Econômica, com a finalidade de caracterizar aglomerações de empresas a partir do estudo da dinâmica econômica e tecnológica de sistemas produtivos operantes em espaços específicos — local, região, país. A ênfase nessas aglomerações privilegia a investigação das relações entre os conjuntos de empresas e destes com outros agentes, constituindo uma fonte de vantagem competitiva.

O QUE VOCÊ ENCONTRARÁ NESTE CAPÍTULO:

- Principais ênfases das abordagens usuais de aglomerados locais/ arranjos produtivos

- Linhas de trabalho/abordagem

- Diferentes percepções teóricas do termo APL

- Descrição de alguns termos inerentes ao conceito de APL

- Grau/estágio de desenvolvimento de um APL

- Estudo de caso: o APL TIC Itajubá

- Estudo de caso: sistema local de inovação: alguns elementos constitutivos de uma cidade do interior de Minas Gerais

Apesar de distintas entre si, não obstante, caro(a) leitor(a), as diferenças são muito tênues, o que torna árdua a missão de fazer a distinção, haja vista o fato de terem sido concebidas praticamente na mesma época, tendo como pano de fundo os mesmos pressupostos. Apesar de as diferenças serem pouco abundantes, as abordagens e os conceitos de aglomerados locais trazem à tona algumas especificidades, especialmente no que se refere à estrutura, à operação e aos agentes envolvidos. Essas especificidades foram resultantes do olhar das diversas lentes teóricas, que atribuíram diferentes pesos a determinadas características ou às vantagens dos aglomerados nas variadas realidades investigadas.

Mas o(a) leitor(a) perceberá que, ao sintetizarmos as características básicas de aglomerações locais a partir de um recorte da literatura, uma considerável convergência de ideias foi revelada acerca da dimensão localizada da inovação e da competitividade.

Você deve estar se perguntando qual a importância de se estudar tudo isso, mas as vantagens da concentração geográfica de empresas concorrentes, caro(a) leitor(a), vêm sendo tratadas há muito tempo. Essas vantagens sobrevêm de características como: concentração convergente de atividades produtivas; movimento contínuo de trocas de informações; localização concentrada de fornecedores e de clientes; transmissão e propagação do conhecimento científico e tecnológico; notoriedade e reputação alcançadas pelo local ou região, entre outras. Ademais, o desenvolvimento geral do segmento em questão e do progresso geral do ambiente industrial é condição *sine qua non* para a obtenção de economias de escala.

Estudos relacionados à formação e aos efeitos dos arranjos produtivos tiveram sua maior importância após o sucesso observado na aglomeração espacial de firmas, tanto na área de alta tecnologia (por exemplo, Vale do Silício na Califórnia-EUA) como nos setores tradicionais (por exemplo, têxtil na Itália, pesca no Chile, móveis na Dinamarca, confecções em Taiwan e Tailândia). Este cenário é reforçado pelo processo de liberalização econômica (globalização), que desmantelou as tradicionais barreiras de comércio e investimentos, alterando significativamente o ambiente competitivo de uma maneira geral, colocando, assim, uma enorme dificuldade de sobrevivência e desenvolvimento para Micro, Pequenas e Médias Empresas (MPME).

Para equacionar esse novo cenário, as MPMEs, em seu universo local, tiveram que não somente se adaptar aos padrões internacionais de qualidade, velocidade de resposta e flexibilização, como também promover de maneira significativa as formas de cooperação, tanto vertical quanto horizontal, para obter competitividade e promover a inovação tecnológica.

De modo a facilitar a percepção do(a) leitor(a) acerca do grau de complexidade e da influência de fatores a serem considerados na constituição de um aglomerado local exitoso, além de sublinhar as dificuldades de categorização para o entendimento de sua dinâmica, fizemos uso de um quadro síntese (Quadro 7).

Neste ponto, faz-se necessário dar crédito aos esforços dos vários estudiosos na organização dos principais enfoques sobre a temática aglomerados locais.

Nessa altura, o(a) leitor(a) já percebeu a diversificação de abordagens sobre a temática aglomerações produtivas com conceitos não estanques, tendendo a ser contraproducente qualquer esforço em categorizá-los.

Com o objetivo de organizar essas diversas terminologias e seus diversos conceitos, mais uma vez esquematizamos, em quatro linhas de trabalho, as principais abordagens, dando ênfase à convergência em relação à importância da proximidade e das fontes locais de competitividade. Observe o Quadro 8 abaixo.

A maioria dos trabalhos desenvolvidos nas linhas de abordagem teórica, apresentadas no Quadro 9, tem como objeto de estudo os países industrializados, essencialmente os europeus e norte-americanos. No entanto, esses trabalhos inspiraram investigações em países em desenvolvimento, levando à identificação de variados tipos de aglomerações locais, ampliando e/ou incorporando elementos que contribuíram para a discussão teórica sobre o tema.

Quadro 7: Principais ênfases das abordagens usuais de aglomerados locais

Localização	Players	Características	
Proximidade ou concentração geográfica	I Grupos de pequenas empresas; I Pequenas empresas nucleadas por grande empresa; I Associações, instituições de suporte, serviços, ensino e pesquisa, fomento, financeiras, etc.	I Intensa divisão de trabalho entre as firmas; I Flexibilidade de produção e organização; I Especialização; I Competição entre firmas baseada em inovação; I Estreita colaboração entre as firmas e demais agentes; I Fluxo intenso de informações; I Identidade cultural entre os agentes; I Relações de confiança entre os agentes; I Complementaridades e sinergia.	

Abordagens	Ênfase	Papel do Estado
Distritos industriais	▮ Alto grau de economias externas; ▮ Redução de custos na transação.	Neutro.
Distritos industriais recentes	▮ Eficiência coletiva — baseada em economias externas e em ação conjunta.	Promotor e, eventualmente, estruturador.
Manufatura flexível	▮ Tradições artesanais e especialização; ▮ Economias externas de escala e escopo; ▮ Redução de custos de transação; ▮ Redução de incertezas.	Indutor e promotor.
Milieu inovativo	▮ Capacidade inovativa local; ▮ Aprendizado coletivo e sinergia; ▮ Identidade social, cultural psicológica; ▮ Redução de incertezas.	Promotor.

(continua)

Localização	Players	Características	

A partir dos grupos de trabalho da Economia da Inovação, a Rede de Pesquisa em Sistemas (RedeSist)[1] desenvolveu os conceitos de Sistemas Produtivos e Inovativos Locais – SPIL, designando um conjunto de atores econômicos, políticos e sociais, localizados em um mesmo território, com foco em um conjunto específico de atividades econômicas que apresentam interação, cooperação e aprendizagem, os quais são fundamentais para a geração e a mobilização de capacitações produtivas e inovativas. Os SPIL geralmente in-

---

1   Rede de pesquisa interdisciplinar, formalizada desde 1997, sediada no Instituto de Economia da Universidade Federal do Rio de Janeiro (UFRJ) e que conta com a participação de várias universidades e institutos de pesquisa no Brasil, além de manter parcerias com outras instituições da América Latina, África, Europa e Ásia (REDESIST, 2019).

Abordagens	Ênfase	Papel do Estado
Parques científicos e tecnológicos e tecnópolis	I *Prospery-based* I Setor de tecnologia avançada; I Intensa relação com instituições de ensino e pesquisa/empresas; I Fomento à transferência de tecnologia.	Indutor, promotor e, eventualmente, estruturador.
Redes locais	I Sistema intensivo de informação; I Complementaridade tecnológica; I Identidade social e cultural; I Aprendizado coletivo; I Redução de incertezas.	Promotor.

Fonte: adaptado da literatura

cluem empresas — produtoras de bens e serviços finais; fornecedoras de bens (matérias-primas, equipamentos e outros insumos) e serviços; distribuidoras e comercializadoras; consumidoras etc. — e demais organizações voltadas à formação e ao treinamento de recursos humanos, informação, pesquisa, desenvolvimento e engenharia, promoção e financiamento, além de cooperativas, associações e representações.

Quadro 8: Linhas de trabalho/abordagem, conceito e representantes (aglomerações produtivas)

Linhas de trabalho/ abordagem	Conceito	Representantes teóricos
Nova economia do mainstream	Geografia econômica	Krugman e Venables (1995) Audretsch e Feldman (1996)
Economia de negócios ou gestão	*Cluster*	Porter (1999)
Ciência regional	Distrito industrial. *Milieu*	Becattini (1990) Brusco (1990) Markusen (1996) Pyke e Sengenberger (1992) Storper (1995)
Economia da inovação	Sistemas de inovação (nacional, regional e local)	Braczyk et al. (1998) Cooke e Morgan (1998) Edquist (1997) Freeman (1995) Heidenreich (1997) Lundvall (1993) Cassiolato e Lastres (2000)

Fonte: Schmitz *et al.*

RELEMBRANDO

As empresas estão *"embedded"* no território de forma complexa. Nessa perspectiva, parece ser apropriado evidenciar uma visão da economia regional, onde "o território não é apenas um suporte físico às atividades econômicas, mas também fruto das relações sociais que o compõem, entre elas a economia", assim, deixando de ser "um elemento externo à atividade econômica, devendo ser analisado de forma integrada ao conjunto das relações sociais que nele se materializam".

Fonte: Brenner e Broekel (2011); Cruz *et al.* (2011).

A ênfase no local pode ser justificada pelo entendimento de que as atividades produtivas e inovativas são diferenciadas temporal e espacialmente, bem como pela ênfase dada a um conjunto específico de atividades econômicas, oportunizando a análise de interações, nomeadamente, aquelas que levem à introdução de novos produtos e processos.

Como consequência, surge a abordagem Arranjos Produtivos Locais (APL), entendidos como aglomerações territoriais de agentes econômicos, políticos e sociais — com foco em um conjunto específico de atividades econômicas — que apresentam vínculos mesmo que incipientes. Geralmente, envolvem a participação e a interação de empresas — que podem ser desde produtoras de bens e serviços finais até fornecedoras de insumos e equipamentos, prestadoras de consultoria e serviços, comercializadoras, clientes, entre outras — e suas variadas formas de representação e associação. Incluem, também, diversas outras organizações públicas e privadas voltadas para: formação e capacitação de recursos humanos, como escolas técnicas e universidades; pesquisa, desenvolvimento e engenharia; política, promoção e financiamento.

Entretanto, esse não é o entendimento comum na literatura, uma vez que os APLs não se caracterizam como sistemas que apresentam maior complexidade na interação dos agentes, em comparação aos SPIL. Além disso, os APLs são "aqueles casos fragmentados, que não apresentam significativa articulação entre os atores de interação, cooperação e aprendizagem, essenciais à geração e à mobilização de capacitações produtivas e inovativas".

A abordagem dos APLs, amplamente difundida no Brasil, reflete o "caráter localizado da assimilação e do uso de conhecimentos e capacitações, resultando em requerimentos específicos de políticas".

O entendimento da dinâmica de um determinado APL e, por conseguinte, a proposição de sugestões de como promovê-lo, requer esforços e dedicação ao estudá-lo com profundidade, de modo a conhecer suas particularidades, sua relevância e seu papel no contexto socioeconômico no qual está inserido.

Especialistas no estudo de APL elencam algumas das principais vantagens dessa abordagem:

- Representa uma unidade de análise que ultrapassa a visão baseada na organização individual (empresa), no setor ou na cadeia produtiva, permitindo estabelecer uma ponte entre o território e as atividades econômicas;
- Concentra-se em grupos de agentes (empresas e organizações de P&D, educação, treinamento, promoção, financiamento etc.) e atividades conexas que caracterizam qualquer sistema produtivo e inovativo;
- Cobre o espaço onde ocorre o aprendizado, onde são criadas as capacitações produtivas e inovativas e onde fluem os conhecimentos tácitos;
- Representa o nível no qual as políticas de promoção do aprendizado, inovação e criação de capacitações podem ser mais efetivas.

Para tornar mais didático o tópico ora apresentado, vale a pena vislumbrar o Quadro 9, que apresenta outras diferentes percepções teóricas do termo a serem somadas.

Quadro 9: Diferentes percepções teóricas do termo APL

Autor(es)	Conceito
Cassiolato e Lastres (2003, p. 27)	Aglomerações territoriais de agentes econômicos, políticos e sociais — com foco em um conjunto específico de atividades econômicas — que apresentam vínculos mesmo que incipientes. Geralmente envolvem a participação e a interação de empresas — que podem ser desde produtoras de bens e serviços finais até fornecedoras de insumos e equipamentos, prestadoras de consultoria e serviços, comercializadoras, clientes, entre outros — e suas variadas formas de representação e associação. Incluem também diversas outras instituições públicas e privadas voltadas para: formação e capacitação de recursos humanos (como escolas técnicas e universidades); pesquisa, desenvolvimento e engenharia; política, promoção e financiamento.
Noronha e Turchi (2005, p. 8)	Qualquer concentração de um tipo de produção, seja em uma região, um município, um bairro ou mesmo uma rua, pode ser denominada APL.
Castanhar (2006, p. 347)	Aglomerações de empresas localizadas em um mesmo território, que apresentam especialização produtiva e mantêm algum vínculo de articulação, interação, cooperação e aprendizagem entre si e com outros atores locais, tais como governo, associações empresariais, instituições de crédito, ensino e pesquisa.

(continua)

Autor(es)	Conceito
Crocco et al. (2003, p. 8)	Caracterizados pela proximidade geográfica, especialização setorial, predominância de pequenas e médias empresas (PMEs), cooperação interfirmas, competição interfirmas determinada pela inovação, troca de informações baseada na confiança socialmente construída, organizações de apoio ativas na oferta de serviços e parceria estreita com o setor público local. Seu dinamismo inovativo decorre do fato de ser um tipo de arranjo institucional específico e localizado, capaz de estabelecer o aprendizado coletivo interativo, que, por sua vez, é alimentado e induzido no tempo pelo próprio processo de competição entre as firmas do distrito.
Erber (2008, p. 12)	Aglomerações territoriais de agentes econômicos, políticos e sociais, que têm foco em um conjunto específico de atividades econômicas e que apresentam vínculos entre si.
Costa (2010, p. 127)	Grupo de agentes "orquestrados" por um grau de institucionalização explícito ou implícito ao aglomerado que buscam, como finalidade, harmonia, interação e cooperação.
Cardoso, Carneiro e Rodrigues (2014, p. 11)	Aglomerações de empresas do mesmo setor ou correlatas, localizadas em um mesmo espaço geográfico, com a presença de agentes econômicos, políticos e sociais, e que apresentam vínculos e interdependência, num ambiente de especialização produtiva.
Sousa et al. (2015, p. 159)	Aglomeração geográfica de empresas interconectadas, que atuam em um determinado campo, suportadas por um conjunto de entidades, compreendendo fornecedores de insumos e de máquinas, fabricantes de produtos complementares, distribuidores, provedores de infraestrutura, bem como escolas técnicas e centros tecnológicos, agências de fomento e associações comerciais e industriais que fornecem treinamento especializado, informação, pesquisa e suporte técnico.

Fonte: elaborado pelos autores

É importante entender que a formação de arranjos produtivos não se restringe a pequenas e médias empresas, pois as grandes empresas reconheceram as vantagens da verticalização e da organização do processo de produção, onde os sistemas produtivos assumiram característica local e/ou global. Nesse processo, destacam-se como ações e atores relevantes: o setor associativo; o setor financeiro; o desenvolvimento de ensino/pesquisa, os meios de comunicação, a gestão local; as organizações sindicais; as redes de parcerias e as sociedades para o estabelecimento de metas, objetivos e ações a serem alcançadas.

Para melhor compreensão do conceito de APL, faz-se importante também descrever alguns termos inerentes ao seu significado, conforme Quadro 10.

Quadro 10: Descrição de alguns termos inerentes ao conceito de APL

Termos inerentes ao conceito de APL	Descrição
Aglomeração de empresas	Produtiva, científica, tecnológica e/ou inovativa — tem como aspecto central a proximidade territorial de agentes econômicos, políticos e sociais (empresas e outras organizações e organizações públicas e privadas)
Território	A territorialidade aqui definida não se refere meramente à localização de atividades, mas sim à ligação de interdependências específicas da vida econômica de uma região e ocorre com o enraizamento da viabilidade econômica em ativos, incluindo práticas e relações não disponíveis em outros lugares e que, fácil e rapidamente, são criadas ou imitadas em lugares onde estão ausentes.
Especialização produtiva	Envolve, além da produção de bens e serviços, o conhecimento que as pessoas e empresas de um território possuem sobre uma atividade econômica principal, seja ela no segmento da indústria, do comércio, dos serviços, do turismo, do artesanato ou do agronegócio.

(continua)

Termos inerentes ao conceito de APL	Descrição
Aprendizagem e inovação	Esses aspectos manifestam-se pela existência de iniciativas, ações, atividades e projetos realizados em conjunto, entre as empresas, entre empresas e suas associações, entre empresas e instituições técnicas e financeiras, entre empresas e poder público, e outras possíveis combinações entre os atores presentes no APL.
Cooperação	O significado genérico de cooperação é o de se trabalhar em conjunto, envolvendo relações de confiança mútua e coordenação, em níveis diferenciados entre os agentes. Em um Arranjo Produtivo Local, identificam-se dois diferentes tipos de cooperação.
Outros atores locais	Instituições de promoção, financiamento e crédito, de ensino e pesquisa, os centros tecnológicos, as associações empresariais, os prestadores de serviços, as organizações do terceiro setor e os governos em todos os âmbitos, localizados fisicamente no APL ou próximo a ele, que possuem ações voltadas direta ou indiretamente ao desenvolvimento da atividade produtiva local.

Fonte: Cardoso, Carneiro e Rodrigues

Com relação ao grau ou estágio de desenvolvimento, os arranjos podem ser classificados em três níveis: arranjos incipientes; arranjos em desenvolvimento e arranjos desenvolvidos (sistemas produtivos e inovativos locais). O Quadro 11 expõe os determinantes para cada um dos níveis supracitados.

Quadro 11: Grau/estágio de desenvolvimento de um APL

Níveis de estágio	Determinantes
Arranjos incipientes	Baixo desempenho empresarial; foco individual; isolamento entre empresas; ausência de interação do poder público; ausência de apoio/ presença de entidade de classe; mercado local (mercado de atuação restrito); base produtiva mais simples; carentes de governança; carentes de recursos financeiros.
Arranjos em desenvolvimento	Foco setorial; possíveis estrangulamentos nos elos da cadeia produtiva; dificuldade no acesso a serviços especializados (tecnologia/design/ logística/crédito); interação com entidade de classe; mercado local/estadual/nacional.
Arranjos desenvolvidos (sistemas produtivos e inovativos locais)	Foco territorial; estrangulamento nas demandas comerciais coletivas; interação com a comunidade; mercado estadual/nacional/ internacional; finanças de proximidade (relacionamento comercial estreito entre bancos e empresas) mais avançadas; base institucional local diversificada e abrangente; estrutura produtiva ampla e complexa.

Fonte: Cardoso, Carneiro e Rodrigues (2014)

Independentemente da forma assumida pelo arranjo produtivo, é amplamente reconhecido, tanto teórica quanto empiricamente, que essa maneira de organização do sistema de produção tem auxiliado empresas dos mais variados portes a superarem as dificuldades quanto ao seu desenvolvimento e crescimento. A adoção de estratégias alternativas, onde sua base é a promoção de arranjos produtivos, passa, muito provavelmente, pela revisão comparativa das experiências ocorridas em países e regiões diferentes e pelo alargamento dos estudos empíricos dos núcleos e aglomerações de MPME locais, a exemplo do que fazem diversos pesquisadores brasileiros. Esta ação permite a identificação de núcleos e arranjos produtivos formados, muitas vezes de maneira auto-organizada, revelando fatores históricos determinantes, formas de organização, resolução de problemas estruturais e perspectivas de desenvolvimento a médio e longo prazo.

Para a elaboração de critérios de identificação de arranjo produtivo, é interessante estabelecer indicadores que sejam capazes de captar características inerentes ao arranjo, determinando a especificidade do setor dentro de uma região, seu peso em relação à estrutura produtiva da região, a importância do setor na região, no estado e nacionalmente. Diversos pesquisadores enfatizam que, para desenvolver o arranjo ou sistema produtivo em determinada localidade, é necessário a presença de algumas condições para sua formação, sendo elas caracterizadas pela dimensão territorial, pela diversidade de atividades, pela diversidade de atores econômicos, políticos e sociais, pelo conhecimento tácito, pelo aprendizado interativo, pela governança e pela identidade.

É importante acelerar os estudos acerca dos arranjos produtivos existentes e emergentes no Brasil. O estudo dos arranjos deve permitir a identificação de problemas críticos a serem solucionados, caso a caso, por meio de políticas flexíveis de apoio, dirigidas à ampliação da competitividade e à inovação de cada setor que envolve os arranjos.

O próximo tópico apresenta a realidade de um grupo de empresas agrupadas sob a dinâmica de um APL, trazendo à tona a forma como ocorreu o processo de desenvolvimento desse agrupamento, bem como suas relações e correlações.

ESTUDO DE CASO

o **APL TIC** Itajubá

A partir dessa percepção, o Governo de Minas Gerais está alocando esforços em uma nova política pública de fomento aos APLs, ou seja, ele quer mais empresas tomando conhecimento das vantagens de se tornar um APL, tendo como foco o fortalecimento e ordenamento da economia local.

Para isso, o governo mineiro, por meio da Secretaria Extraordinária de Desenvolvimento Integrado e Fóruns Regionais (SEEDIF), responsável pelo reconhecimento dos APLs em Minas Gerais, quer incentivar a diversificação produtiva e o fortalecimento dos diferentes segmentos econômicos nos 17 territórios de desenvolvimento, a saber: Noroeste, Norte, Médio e Baixo Jequitinhonha, Mucuri, Alto Jequitinhonha, Central, Vale do Rio Doce, Vale do Aço, Metropolitana, Oeste, Caparaó, Mata, Vertentes, Sul, Sudoeste, Triângulo Norte e Triângulo Sul.

A condição sine *qua non* para tal fim será a somatória do reconhecimento de outros APLs e do fomento ao nascimento de novas empresas dentro da lógica de arranjo. Tal incentivo governamental vem na forma de planejamento e investimento na melhoria de infraestrutura e no escoamento da produção, além da instituição de ações articuladas com a Federação das Indústrias do Estado de Minas Gerais (FIEMG), a Câmara de Dirigentes Lojistas (CDL), o Serviço Brasileiro de Apoio às Micro e Pequenas Empresas (SEBRAE) e as Associações Comerciais, que levem ao fortalecimento de empresas e à geração de emprego.

A IMPORTÂNCIA DOS GOVERNOS REGIONAIS PARA A CRIAÇÃO DOS ARRANJOS PRODUTIVOS

Entre as experiências internacionais, sabe-se que o surgimento dos arranjos produtivos tem forte impulso dos governos regionais, destacando-se a função decisiva do fomento econômico na nova orientação política de desenvolvimento regional, onde se observa, entre seus aspectos mais significativos, a importância da inovação tecnológica, a difusão territorial das inovações, a responsabilidade dos governos regionais e locais sobre os problemas territoriais de desenvolvimento econômico e social, o interesse pelas pequenas e médias empresas, caracterizadas pela sua maior flexibilidade diante das mudanças do processo produtivo e nos mercados e as medidas a favor do desenvolvimento.

Fonte: elaboração própria (2019)

Em um ambiente repleto, *a priori*, de desafios e oportunidades, surge, em 2013, por iniciativa de um pequeno grupo de empresários do setor de TIC e instituições de apoio, a proposta de criação do APL TIC Itajubá, com o objetivo de fortalecer as empresas de Tecnologia da Informação (TI) da região por meio da cooperação mútua.

Liderada pela Rede de Empresas de Tecnologia, Inovação e conhecimento (RETIC) e com o apoio de algumas entidades, como o SEBRAE e a Prefeitura Municipal de Itajubá (PMI), deu-se início à caminhada em busca de tal objetivo.

Após muitos esforços, em 10 de setembro de 2013, por meio de parceria entre o Centro Universitário de Itajubá (FEPI) e a RETIC, aconteceu na FEPI o pré-lançamento do que viria a ser o APL TIC

Itajubá. Para o evento, foram convidados todos os empresários ligados à TIC, além de entidades municipais. Na ocasião, foram apresentados os *stakeholders* envolvidos e suas contribuições para atingir o objetivo proposto.

Em 26 de março de 2014, foi entregue ao SEBRAE de Itajubá, por solicitação da RETIC, os resultados do diagnóstico e da caracterização da microrregião de Itajubá. Esse estudo, elaborado sob a coordenação do professor Dr. Carlos Henrique Pereira Mello, trouxe à tona a resposta à seguinte pergunta: existe um APL de empresas de TIC na microrregião de Itajubá?

Fazendo uso da metodologia para caracterização do APL de Suzigan (2006), o relatório evidenciou a existência de um APL TIC na microrregião de Itajubá, haja vista o atendimento aos seguintes critérios (RETIC, 2017):

> A classe de atividade pesquisada (TIC) apresenta um coeficiente de Gini Locacional de 0,916 (esperado: maior do que 0,5);

> O Quociente Locacional (QL) da aglomeração de empresas da classe pesquisada (TIC) na microrregião de interesse (microrregião de Itajubá) é igual a 2,415 (esperado: maior do que 2);

> A participação do emprego na classe pesquisada (TIC), na microrregião de interesse (microrregião de Itajubá), no total de empregos da classe (TIC) no estado desta microrregião (Minas Gerais), é igual a 3,6% (esperado: igual ou maior do que 1%);

> O número de estabelecimentos da classe pesquisada (TIC) na microrregião de interesse (microrregião de Itajubá) é maior que 70 (esperado: igual ou maior do que 10 empresas).

O relatório trouxe, ainda, informações que evidenciam a existência de uma série de oportunidades para as empresas de TIC da microrregião de Itajubá melhorarem os seus desempenhos, o que pode resultar em novos produtos, negócios, clientes e captação de recursos. Algumas dessas oportunidades estão listadas abaixo (RETIC, 2017):

> Motivar e, quando possível, oferecer recursos para que as empresas de TIC na microrregião de Itajubá implementem um sistema de gestão da qualidade;

> Estabelecer programas de parceria entre as empresas de TIC da microrregião de Itajubá e os Núcleos de Inovação Tecnológica (NITs) das universidades;

> Motivar e, quando possível, oferecer recursos para que as empresas de TIC na microrregião de Itajubá estabeleçam sistemáticas formais para o processo de desenvolvimento de produtos e tecnologias;

> Fomentar, nas empresas de TIC, a necessidade de participação de mestres e doutores das empresas em editais oferecidos pela Fundação de Amparo à Pesquisa do Estado de Minas Gerais (FAPEMIG) e pelo Conselho Nacional de Desenvolvimento Científico e Tecnológico (CNPq).

A confirmação técnica da existência de aglomeração de empresas da classe pesquisada na microrregião de Itajubá permitiu ao futuro APL TIC de Itajubá alçar outros voos, sendo o principal deles a busca pelo seu reconhecimento junto ao governo estadual de Minas Gerais.

À época de sua criação, o grupo de empresários ainda não se constituía na forma de APL propriamente dito, dada a incipiente inter-relação entre os empresários do grupo, que buscavam a articulação do setor na cidade de Itajubá, como também entre as entidades.

Independentemente de sua nomenclatura (distritos industriais, *clusters*, sistemas de inovação, APL), a formação de uma aglomeração produtiva apoia, sem dúvida, os atores envolvidos, porém, cabe ao governo, por meio de políticas públicas, possibilitar o seu fortalecimento. (PORTER, 1998).

Em 20 de maio de 2015, o reconhecimento das empresas do setor de TIC de Itajubá como APL TIC foi demandado pelo senhor Rodrigo Imar Martinez Riera, prefeito municipal de Itajubá, ao Núcleo Gestor de Apoio aos APLs de Minas Gerais, presidido pela Secretaria de Estado de Desenvolvimento Econômico (SEDE/MG), atual Secretaria Extraordinária de Desenvolvimento Integrado e Fóruns Regionais (SEEDIF), conforme Nota Técnica 001/2016 (SEDE, 2016).

A SEEDIF tem como principal atribuição analisar e reconhecer, oficialmente, os APLs de Minas Gerais, além de coordenar o Núcleo Gestor de APL do Estado (NGAPL). O NGAPL tem a responsabilidade de articular as ações governamentais, tendo em vista o apoio integrado aos APLs a partir das diretrizes da Política Estadual de Apoio aos Arranjos Produtivos Locais.

VALE A PENA SABER!

POLÍTICA ESTADUAL DE APOIO AOS ARRANJOS PRODUTIVOS LOCAIS

Regulamentada pelo Decreto nº 44.972, de 02 de dezembro de 2008, que dá outras providências, por exemplo em seu artigo 1º, parágrafo 2º, determinando que os APLs devem ser identificados e caracterizados da seguinte forma: os APL são identificados pela **concentração espacial** de empresas de um determinado setor da atividade produtiva, que se caracteriza principalmente pela intensidade das **relações comerciais e de cooperação intra-a-glomeração**, com o ambiente institucional voltado ao suporte ao seu desenvolvimento (grifo do autor).

Ademais, a Lei Estadual nº 16.296, de 01 de agosto de 2008, em seu artigo 1º, parágrafo único, entende o APL como aglomeração produtiva horizontal de uma cadeia de produção de determinada região do estado, que tem como característica principal o vínculo entre empresas e instituições públicas ou privadas, entre as quais se estabeleçam sinergias e relações de cooperação.

Fonte: (SEDE, 2016)

Para analisar e reconhecer oficialmente a densidade empresarial e a importância do setor para a região, o NGAPL adota o uso do Quociente Locacional (QL). Para tal reconhecimento, é necessário um QL maior que 1,0, indicando a presença de aglomeração produtiva no local.

Então, foi solicitado ao NGAPL a avaliação da reivindicação e averiguação dos requisitos necessários ao seu atendimento, de acordo com o regramento da legislação estadual dos APLs. Durante esse tempo, houve ampla troca de informações entre o governo estadual mineiro, a prefeitura de Itajubá e a RETIC.

Após análise do NGAPL, que identificou um QL de 1,72, a SEDE concluiu que Itajubá reunia todas as condições necessárias para ser considerada um APL de TIC. Além da importante densidade empresarial da microrregião de Itajubá, à época com 62 estabelecimentos de TIC, gerando 972 postos de trabalho, a SEDE apontou a existência de outros aspectos que mostravam a força do APL de TIC, ou seja, as instituições de apoio, a saber: instituições de ensino, entidades de governança do APL, instituições de pesquisa e tecnologia.

Assim, no dia 28 de março de 2016 foi oficializado/reconhecido o APL TIC Itajubá. Esse acontecimento deu-se na sede oficial do governo do estado de Minas Gerais, Cidade Administrativa, e foi representado pelo então secretário municipal de Ciência, Tecnologia, Indústria e Comércio, Rodrigo Sampaio Melo, e pelo secretário de Estado de Desenvolvimento Econômico, Altamir Rôso.

Como governança do agora reconhecido APL TIC Itajubá, foram apresentadas as seguintes instituições: Sindicato Local das Indústrias Metalúrgicas, Mecânicas e de Material Elétrico (SIMMMEI), Rede de Empresas de Tecnologia, Inovação e Conhecimento (RE-TIC) e Associação Comercial, Industrial e Empresarial de Itajubá (ACIEI). Esse grupo de instituições permanece até os dias atuais. Há de se apontar que, até o momento, as prefeituras municipais dos demais municípios (Brazópolis e Paraisópolis) não compõem a rede institucional do arranjo.

A governança em arranjos produtivos pode ser entendida como a capacidade de comando ou coordenação que os agentes envolvidos — tais como as instituições públicas e privadas, o poder político municipal e o próprio poder econômico (empresas do APL), ou, se for o caso, um agente coordenador — têm sobre as inter-relações produtivas, a saber: comerciais, tecnológicas, entre outras, que influenciam de maneira decisiva o *modus operandi* do arranjo.

Com o reconhecimento do APL TIC Itajubá, o estado de Minas Gerais passa a contar com 38 arranjos, entre eles o de eletroeletrônicos em Santa Rita do Sapucaí, o de móveis em Ubá e o de calçados em Nova Serrana.

O Quadro 12 mostra o nome e a localização dos APLs mineiros.

Quadro 12: APLs mineiros

ARRANJOS PRODUTIVOS LOCAIS EM MINAS GERAIS	
APL	**CIDADE**
1. Ardósia	Papagaios
2. Bebidas artesanais – cachaça de alambique	Araçuaí
3. Bebidas artesanais – cachaça de alambique	Salinas
4. Biotecnologia	Belo Horizonte
5. Biotecnologia	Uberaba
6. Biotecnologia	Viçosa
7. Calçados	Guaxupé
8. Calçados	Nova Serrana
9. Calçados	Uberaba
10. Calçados e bolsas	Belo Horizonte
11. Eletroeletrônico	Santa Rita do Sapucaí
12. Floricultura	Barbacena
13. Fogos de artifício	Santo Antônio do Monte
14. Fruticultura	Jaíba
15. Fruticultura	Visconde do Rio Branco
16. Fundição	Divinópolis
17. Gemas e joias	Governador Valadares
18. Artefatos em pedras	Araçuaí
19. Gemas e joias	Nova Lima
20. Gemas e joias	Teófilo Otoni

ARRANJOS PRODUTIVOS LOCAIS EM MINAS GERAIS	
APL	**CIDADE**
21. Móveis	Carmo do Cajuru
22. Móveis	Ubá
23. Móveis	Uberaba
24. Móveis	Uberlândia
25. Móveis	Turmalina
26. Pedra sabão	Ouro Preto
27. Pequi	Montes Claros
28. Quartzito	São Tomé das Letras
29. Software	Belo Horizonte
30. Software	Viçosa
31. Suinocultura	Ponte Nova
32. Vestuário (modinha)	Divinópolis
33. Vestuário (malhas)	Jacutinga
34. Vestuário (lingerie)	Juruaia
35. Vestuário (lingerie noite)	Muriaé
36. Vestuário (modinha)	Passos
37. Vestuário (jeans)	São João Nepomuceno
38. Tecnologia da informação e comunicação	Itajubá

Fonte: Agência Minas Gerais

O Quadro 13 traz algumas informações sobre a caracterização do APL TIC Itajubá.

Quadro 13: Caracterização do APL TIC Itajubá

Indicadores socioeconômicos	103 Empresas de base tecnológica	Vantagens competitivas
	1.130 Empregos diretos e indiretos gerados	Empreendedores inovadores
	R$ 42 milhões de reais/ano	Mão de obra qualificada
Segmentos de mercado	TIC, educação	Instituições de ensino
	Energia	Fundações de apoio
	Eletromédico	Entidades do sistema "S"
	Prestação de serviços e PD&I	Instituição Estadual e Federal
	Automação industrial e comercial	Laboratórios de pesquisa e desenvolvimento
	Fabricação de produtos	Cursos na área do APL
	Empresas de tecnologia, software e hardware	55 Cursos de graduação
	Empresas com projetos Sebraetec, FAPEMIG, CNPQ, FINEP	53 Cursos de pós-graduação

	Empresas reconhecidas internacionalmente	31 Cursos técnicos
Expertise	Constante investimento em PD&I	**Demais informações**
	Elevado nível de interação entre empresas e parceiros	140 Laboratórios e centros de pesquisa
	Referência nacional em energia	1 Instituto SENAI de Inovação
	Parceria com a UNIFEI – Mestrado profissional em empreendedorismo e inovação	

Fonte: RETIC

As empresas que fazem parte de APLs são beneficiadas com aumento de competitividade e escala, além da facilidade em organizar treinamento e capacitação de mão de obra e, ainda, a possibilidade de poderem ter seus custos divididos. Além disso, muitos desafios e oportunidades internas e externas são sinalizados no momento dessa organização. (MDIC, 2017).

O Quadro 14 traz alguns desafios e oportunidades para o APL TIC Itajubá.

Quadro 14: Desafios e oportunidades – APL TIC Itajubá

DESAFIOS	OPORTUNIDADES
Setor dinâmico, atualização constante – novas tecnologias	Fornecimento de serviços e produtos para a cadeia produtiva de energia
Fabricação de insumos utilizados pela cadeia produtiva	Execução de PD&I
Inserção em novos mercados	Incorporação das empresas do grupo metal mecânico na cadeia produtiva
Retenção de talentos	Linhas de crédito bancário diferenciadas
Melhoria da competitividade	Complementaridades e sinergias
Melhor aproveitamento da infraestrutura física e educacional	Possibilidade de acordos de cooperação e convênios
Falta de investimentos através de políticas governamentais	Atrair novos investimentos
Incerteza orçamentária	Incentivos governamentais

Fonte: RETIC

Atualmente, há dificuldades na obtenção de dados precisos sobre o número de empresas vinculadas ao APL. *A priori*, se a empresa possui uma Classificação Nacional de Atividades Econômicas (CNAE) que a classifica como empresa do setor de TIC, pode-se considerar participante, mesmo não aderindo formalmente ao APL.

EXPERIÊNCIAS EXITOSAS

O APL TIC Vale, do setor de Tecnologia da Informação e Comunicação, criado em 2012 em São José dos Campos, no interior do estado de São Paulo, englobava, inicialmente, 17 empresas. Hoje, já reúne 77 e emprega mais de 1,6 mil pessoas. Com um faturamento anual estimado em R$ 267 milhões, as empresas do TIC Vale prestam serviços para todo o Brasil e também exportam tecnologia para outros mercados. Para se ter uma ideia, países como Estados Unidos, Equador, Chile e Espanha fazem parte do seu banco de clientes. O faturamento com a exportação de produtos e serviços gira em torno de R$ 10 milhões por ano. O gestor do TIC Vale, Marcelo Nunes, explica que "ter um plano de ação e uma coordenação em comum para geração de negócios aumenta as perspectivas de sucesso e a competitividade de cada empresa, mesmo com a similaridade de ofertas".

No Rio Grande do Sul, o APL do Polo Naval e de Energia de Rio Grande e Entorno, que reúne cerca de 90 empresas, encontra na dinâmica de cooperação dos APLs uma forma de driblar a crise que assola o setor naval. O gestor do arranjo, Danilo Giroldo, conta que, nos últimos anos, houve uma "brutal diminuição" dos postos de trabalho nas empresas que prestam serviço ao setor, mas que "graças ao apoio governamental, já há o início de uma reestruturação de vagas de emprego. Também é possível participar de cursos de qualificação de mão de obra ociosa, e estamos tendo mais facilidade em captar recursos para a compra de um simulador de manobras navais que, quando estiver em pleno funcionamento, vai gerar receita para as associações de empresas", explicou Giroldo.

Desafio

Agora é a sua vez de contribuir com esse quadro, identifican-do, na sua região, um caso de sucesso de alguma aglomeração produtiva, preferencialmente um APL. Procure conversar com a sua governança e entender as estratégias implementadas que possibilitaram tal experiência. Informe-se também sobre qual foi o papel do governo nessa empreitada.

Fonte: Disponível em: http://www.mdic.gov.br/index.php/component/content/article?id=2845

INOVAÇÃO E SUAS GÊNESES

Só há dois modos de aumentar a produção da economia: (i) aumentando o número de contribuições que entram no processo produtivo, ou (ii) por meio de novas combinações desse mesmo número de contribuições. Mas qual desses dois modos é o mais importante? E quanto mais importante? Foi, essencialmente, o que Moses Abramovitz fez na economia americana, entre 1870 e 1950. Ele mediu o crescimento em contribuições (de capital e trabalho), em um mesmo período de tempo. Como resultado, verificou-se empiricamente o que se acreditava serem suposições razoáveis sobre a contribuição, para a produção da economia, de uma unidade de trabalho e uma unidade de capital. A pesquisa de Abramovitz mostrou que, quando aumentada uma unidade desses fatores de produção (capital e trabalho), sua contribuição, à época (entre 1870 e 1950), só poderia responder por aproximadamente 15% do crescimento atual na produção da economia. Em um senso estatístico, então, havia um resíduo inexplicado não menor de que 85% que, *a posteriori*, foi chamado de Resíduo de Solow (1956) e, mais tarde, de Produtividade Total dos Fatores (PTF) ou simplesmente inovação tecnológica.

A corrente dominante da teoria econômica sempre apresentou dificuldades em analisar o processo inovativo. Da mesma forma que, para esta corrente, a tecnologia é considerada como fator exógeno à economia e o processo inovativo como igual para os agentes, não se reconhece o ambiente onde se localizam as empresas como um elemento capaz de influenciar sua capacidade de inovação e seu desenvolvimento econômico. Assim, considera-se — nesta que é a vertente ainda dominante em várias esferas do debate econômico — que a inovação pode ser gerada independentemente do local em questão, sendo esta dimensão geralmente desconsiderada pela literatura econômica.

Na literatura, é comum encontrarmos autores que consideram que a teoria neoclássica se preocupa, essencialmente, com a distribuição eficiente de recursos a partir de informações provenientes dos mercados e, assim sendo, as modificações tecnológicas operadas nos sistemas produtivos não fazem parte do seu objetivo de estudo. Esta abordagem apresenta severas limitações, já que não faz sentido considerar a criação de novas tecnologias e a promoção da inovação como fatores totalmente exógenos à empresa. Na teoria keynesiana, a temática da inovação tecnológica ocupa um lugar secundário, uma vez que o pensamento de John Maynard Keynes é mais orientado para a problemática do equilíbrio/desequilíbrio de curto prazo e menos orientado para as questões do crescimento, defendendo que a intervenção nos sistemas econômicos deve ser feita, essencialmente, através da despesa pública e da política fiscal. Os keynesianos preocupavam-se em encontrar soluções para os problemas econômicos conjunturais, enquanto as matérias relacionadas à inovação são de caráter estrutural e, consequentemente, de longo prazo.

INOVAÇÃO

O que é inovação?

Caro leitor(a), uma sensação de déjà vu ao ler este e os próximos tópicos deste capítulo poderá vir à tona, haja vista o nosso esforço em querermos que internalize tais conceitos, dada a relevância dos mesmos.

Definido de forma mais ampla, o termo compreende produtos, processos e novas atividades empresariais ou modelos organizacionais. A inovação é conceituada não apenas como os avanços realizados na fronteira do conhecimento global, mas também como a primeira vez em que se usa ou se adapta a tecnologia a novos contextos.

Alguns autores insistem que o conceito de inovação pode incluir aspectos tão diversos como as novas tecnologias de produção, os novos modos de produzir, o lançamento de novos produtos, a competição em novos mercados, o estabelecimento de novos acordos com clientes ou fornecedores, a descoberta de uma nova fonte de matérias-primas, um novo processo de produção, um novo modo de prestar serviço pós-venda, um novo *modus operandi* para a relação com os clientes etc. Em resumo, um pequeno rótulo para uma grande variedade de fenômenos.

Há várias denominações para a inovação. A existência de um vasto conteúdo sobre esse termo dificulta a formulação de uma definição clara e inequívoca sobre ele, e "uma boa definição terá que ser suficientemente ampla para cobrir a diversidade das formas de inovação, mas específica quanto baste para evitar o risco de confusão com conceitos relacionados, como por exemplo, mudança, criatividade e invenção". Continuando, a inovação também pode representar, para alguns, uma ameaça ao invés de uma oportunidade, uma aventura atrativa ou uma tábua de salvação. Sob qualquer perspectiva, tentar ignorar o seu impacto sobre as nossas vidas cotidianas, ou ainda, os dilemas morais, sociais e econômicos que nos apresentam, será mera perda de tempo. Por bem ou por mal, não podemos ignorá-la.

A inovação é um processo de aprendizagem sistêmico, interativo, multidisciplinar e de múltiplos e diferentes atores, onde novos conhecimentos são gerados, transferidos ou já existem nas instituições participantes. Esses novos e já existentes conhecimentos, assimilados e interconectados, introduzem na sociedade uma nova tecnologia. Diz-se que, quando uma ideia, uma prática ou um objeto é percebido como novo pelo indivíduo ou empresa, é possível que estejamos diante de uma inovação. Se for um produto e se seus atributos e benefícios forem considerados novos em relação ao padrão atual pelo(s) mercado(s) consumidor(es), é possível que estejamos diante de um produto inovador.

A inovação pode ser algo que nunca existiu previamente, mas que, quando percebido pelo indivíduo como uma novidade, adquire status de inovação. A inovação também pode ser percebida como uma ferramenta que possibilita a geração de novas riquezas pelo empreendedor, produzindo novos recursos ou encontrando novas aplicações para os recursos já conhecidos. Ela pode ser considerada apenas um dos esforços da firma para sobreviver. Há casos, todavia, em que uma firma que está inovando é deslocada por outra que não inova, mas que dispõe de maior poder econômico ou capacidade e habilidade de venda.

A realidade já mostrou que empresas mais jovens tendem a ser mais orientadas para o crescimento, assim como a idade da empresa está negativamente correlacionada com a inovação, o que não é verdade em relação ao seu tamanho.

A inovação em Karl Marx (1818-1883) é endógena, gerada e difundida no sistema capitalista por meio de um processo concorrencial, que se manifesta dinamicamente em dois movimentos mútuos: a busca do lucro extra e a pressão competitiva. Ainda que a contribuição das ideias desse autor não seja explícita para a abordagem neoschumpeteriana — mesmo porque busca explicar fenômenos diferentes — essa visão de concorrência parece ter contribuído para a inauguração desse programa de pesquisa, concentrado na construção de uma teoria dinâmica da concorrência com base nas inovações. Para inovar, é necessário a implementação do processo de inovação. Este consiste, em sua essência, na busca, na descoberta, na experimentação, no desenvolvimento e na adoção de novos produtos ou novos processos produtivos.

Atualmente, uma das principais vertentes da vantagem competitiva das empresas é a sua capacidade de inovar. Nos mercados correntes, caracterizados pelo rápido aumento da saturação da procura, a competitividade das empresas tende a ser mais determinada pela capacidade inovadora do que pela produtividade. Deste modo, a procura de vantagens competitivas sustentáveis passa a depender cada vez mais dessa capacidade empresarial de inovação, lembrando que a inovação é considerada um processo cumulativo de aprendizagem, que extravasa as fronteiras de Pesquisa e Desenvolvimento (P&D), no qual os aspectos organizacionais e de gestão desempenham um papel fundamental.

Uma das características fundamentais do processo de inovação é a incerteza. Esse termo pode ser entendido não somente como falta de informações relevantes no que diz respeito à ocorrência de eventos mas, principalmente, a dois outros aspectos: a existência de problemas técnico-econômicos, cujas soluções são ainda desconhecidas, e a impossibilidade de se prever com precisão os resultados de cada ação. Apesar da incerteza, a inovação, quando bem-sucedida, pode produzir um impacto relevante nos resultados econômicos das empresas.

De acordo com Michael Porter, para lidar com esse ambiente de incertezas e face aos desafios apresentados às empresas, a inovação é assumida, cada vez mais, como um fator-chave de competitividade empresarial. Em relação à incerteza que predomina no ambiente, as empresas devem reconhecer os fundamentos da inovação e realizar esforços no sentido de inovar, para a obtenção e a sustentação de vantagem competitiva, desenvolvendo estratégias que conduzam esses esforços em torno do desenvolvimento dos novos produtos na batalha competitiva. Ademais, uma empresa só poderá obter melhores resultados do que os seus concorrentes se conseguir criar um fator diferenciador que se mantenha ao longo do tempo como, por exemplo, a inovação ou os atos de inovação. E são as empresas conscientes dessa vantagem as que mais realizam esforços no sentido de inovar.

A integração para busca de inovações é uma boa ideia, haja vista que mais da metade das empresas que apresentam as melhores práticas de inovação fazem uso de equipes multifuncionais para atingir os seus objetivos — a maior parte das inovações se dá pelo aprendizado contínuo e pela introdução de novos processos de desenvolvimento, o que justifica o fato de as mudanças serem mais evolucionárias que revolucionárias. Apesar da dificuldade de formulação de uma definição clara e inequívoca sobre o termo, pesquisadores oriundos de diferentes áreas parecem convergir para a definição do termo inovação como sendo "o desenvolvimento e a produção de novos produtos e serviços capazes de obter sucesso comercial". Do exposto, pode-se afirmar que a inovação não se limita, de modo algum, às atividades formais de pesquisa e desenvolvimento — nem toda P&D resulta em invenções, nem toda invenção deriva de P&D formal. Pelo contrário, a invenção e a criação de conhecimento podem ser produzidas pelos constantes esforços para aperfeiçoar a produção — ou por acaso, sorte, tentativa e erro e, às vezes, por um mero desvio de rumo. Apesar dessa pluralidade de definições do termo inovação, é possível extrair um pequeno conjunto de atributos nucleares do conceito de inovação, a saber: (1) ambiguidade, diferentes interpretações, (2) ubiquidade, está presente em todas as áreas da economia moderna, e (3) cumulatividade, evolui incrementalmente e se baseia na tecnologia e no conhecimento existente. Enfim, as inovações aqui tratadas englobam não só as novas tecnologias de produção, mas também os modos de produzir. Em outras palavras, as inovações podem ser tecnológicas e organizacionais.

TIPOS DE INOVAÇÃO

É possível perceber várias classificações dicotômicas do termo inovação. A primeira distingue as inovações como sendo de produto e de processo. A inovação de produto refere-se à produção e à comercialização de produtos novos ou melhorados, enquanto a inovação de processo se concretiza na criação e/ou adoção de novos bens de equipamento ou na introdução de novos processos organizativos de produção. A dificuldade em dissociar estes dois tipos de inovação é facilmente entendida.

A segunda classificação distingue inovações sociais e tecnológicas. A inovação social está orientada para a gestão das pessoas, materializando-se na melhoria das condições de trabalho, na sua adequação às necessidades e aos interesses dos trabalhadores. O pressuposto é simples: estas mudanças conduzirão à motivação dos trabalhadores, repercutindo na sua produtividade, qualidade e participação. A inovação tecnológica, por sua vez, é mais ou menos complexa em função do número de componentes do produto/processo e das inter-relações existentes entre eles. A inovação pode consistir exclusivamente em elementos novos ou na junção destes com outros elementos e aspectos técnicos já aplicados anteriormente, como regra geral, por outras empresas.

A terceira classificação acolhe inovações dos tipos radical e incremental. As inovações radicais introduzem uma mudança descontínua no funcionamento da organização, dos setores ou da economia. Assim, estabelecem um novo desenho dominante para um produto/processo, podendo abalar as fundações da estrutura industrial. Quanto às inovações incrementais, elas aperfeiçoam/melhoram o produto/processo dominante, sem ameaçar a sua existência. Por fim, a classificação da inovação como novo para a empresa e novo para o mercado. A primeira engloba modificações e melhoramentos nos produtos/processos existentes na empresa, bem como em produtos/processos que são novos para a empresa, mas não para o mercado (usualmente, tratam-se de inovações incrementais). A segunda compreende produtos/processos que são novos para a empresa e para o mercado (estas inovações requerem muito mais do que desenvolvimentos incrementais).

Sumariamente, as cinco gerações do processo de inovação são apresentadas abaixo:

O modelo clássico linear simples engloba as duas primeiras gerações da inovação, respectivamente: *technology-push* e *demand-pull*. No *coupling model* da terceira geração, a ênfase da gestão é colocada na integração entre P&D, produção e marketing, enquanto que, na quarta geração, se registra uma mudança traduzida por considerar a inovação como vários processos paralelos e feedbacks (modelo integrado) em vez de um processo sequencial. Na quinta geração, a inovação é entendida como um processo em rede multi-institucional (modelo em rede e integração de sistemas). Este modelo caracteriza-se pelo recurso de sistemas inteligentes, tornado possível pelo grande desenvolvimento das tecnologias de informação e de comunicação.

UMA ABORDAGEM SISTÊMICA DA INOVAÇÃO

A partir da moderna análise neoschumpeteriana, um enfoque sistêmico da inovação permeou as lentes teóricas dos estudiosos. O conceito de sistema de inovação, objeto de estudo da abordagem sistêmica, foi desenvolvido em paralelo nos Estados Unidos e na Europa em meados dos anos 1980, a partir da colaboração desenvolvida entre Freeman (1987) e o IKE (grupo de pesquisa da Universidade de Aalborg) para caracterizar a interação e a interdependência nos processos de desenvolvimento.

O conceito de sistema de inovação tem como um dos objetivos principais a análise da relação produtor-utilizador e suas correspondentes interdependências. A abordagem sistêmica procura, igualmente, fazer uma análise analítica da complexidade dessas interdependências, bem como da multiplicidade de interações entre os diferentes agentes do processo de inovação.

Os sistemas de inovação tornaram-se possíveis devido às transações e interações com o mundo exterior. E, como ponto-chave para a existência do sistema de inovação, está a forte intervenção política, que promove e desenvolve importantes reformas em áreas como infraestruturas, educação, instituições, saúde e resolução de conflitos.

As zonas escolhidas para o surgimento de sistemas de inovação são as cidades-estados. Na antiguidade, temos o exemplo de Roma e Atenas; no renascimento, Veneza e Florença; na atualidade, pode-se considerar como exemplo Hong-Kong.

Os sistemas de inovação podem surgir e agir em diversos espaços territoriais, e têm como base fulcral os sítios onde a inovação é bastante presente. Contudo, os lugares onde os sistemas de inovação são implantados devem ter as seguintes quatro características: (1) uma área com boas características institucionais; (2) uma área com um certo nível de produção e comercialização; (3) uma área que possua conhecimento, infraestrutura desenvolvida e boas práticas de políticas públicas e, finalmente, (4) uma área que, ao longo do tempo, mantenha uma boa interligação entre produtor e consumidor. Porém, encontrar sítios que possuam todas estas características não é uma tarefa muito fácil.

A existência dos sistemas de inovação vai permitir, nas cidades, o estabelecimento de inúmeras parcerias entre diversas empresas nacionais e internacionais, o que promove um ambiente criativo de excelência. Com isto, é possível evitar erros futuros no que diz respeito ao desenvolvimento urbano de qualidade e de gestão.

O sistema de inovação pode ser definido como um conjunto de agentes e instituições (grandes e pequenas firmas, públicas e privadas, universidades e agências governamentais etc.), articulados com base em práticas sociais, vinculadas à atividade inovadora, tendo forte influência do meio, sendo as firmas privadas o coração de todo o sistema. As inter-relações dos agentes e das instituições determinam o poder e a eficiência da produção, assim como a difusão e o uso do novo conhecimento, útil economicamente, marca o estado de desenvolvimento tecnológico local.

As oportunidades tecnológicas com as quais se defrontam as firmas estão intrinsecamente ligadas à dinâmica de estabelecimento e superação de paradigmas e trajetórias tecnológicas. Por paradigma tecnológico pode-se entender o conjunto de implementos desenvolvidos e melhorados, que ajudam a definir os caminhos da busca pela inovação, sendo um instrumento relevante para interpretar, ordenar e hierarquizar os diferentes âmbitos e componentes do processo de inovação tecnológica.

A trajetória tecnológica é um grupo de direções tecnológicas possíveis, cujos limites exteriores são definidos pela natureza do paradigma tecnológico vigente (Quandt, 1998 e Dosi et al., 1988). As trajetórias tecnológicas são definidas pelo progresso técnico efetivo ao longo de múltiplos *tradeoffs* econômicos e tecnológicos. Uma vez selecionado e estabelecido, o Sistema Nacional de Inovação, definido logo abaixo, torna-se responsável pelas direções e trajetórias seguidas pelas regiões.

Existe um inter-relacionamento dinâmico da ciência com a tecnologia utilizável pela produção, um processo mais complexo e multifacetado do que a visão tradicional de uma seleção pelos produtos, em função dos movimentos da demanda ou de um estoque livremente disponível de conhecimentos tecnológicos. Inicialmente, a seleção de determinado paradigma, ou seja, o início da sequência dinâmica do processo de mudança técnica, é realizada de tal forma que a ação dos mecanismos de mercado é fraca. As inovações radicais que estão na origem de um novo paradigma dependem muito das novas oportunidades abertas pelos avanços científicos ou por fortes obstáculos encontrados no desenvolvimento de determinadas trajetórias tecnológicas.

A abordagem sistêmica foi rapidamente difundida e surgiram novas contribuições teóricas que identificaram diferentes tipos de sistemas de inovação, dando origem a diferentes conceitualizações, sendo que uma das principais consiste na delimitação espacial do sistema de inovação. A introdução da perspectiva territorial permitiu a evolução do conceito de sistema nacional para sistema local de inovação.

ESTUDO DE CASO

Alguns elementos constitutivos de um sistema local de inovação e o potencial inovador do seu governo[2].

A primeira definição do que seria um sistema nacional de economia política é creditada a Friedrich List, o que viria a ser chamado de sistema de inovação, onde a "produção não é resultado somente das firmas, mas também de instituições econômicas e sociais [...] que tornam a produção possível".

Atualmente, encontramos várias definições para sistema de inovação, que se coadunam na articulação entre agentes e instituições (grandes e pequenas firmas, públicas e privadas, universidades e agências governamentais etc.) fundamentadas "em práticas sociais, vinculadas à atividade inovadora, tendo forte influência do meio, sendo as firmas privadas o coração de todo o sistema". São essas relações entre os agentes e instituições (inter-relações) que "determinam o poder e a eficiência da produção, assim como a difusão e o uso do novo conhecimento, útil economicamente, marca o estado de desenvolvimento tecnológico local".

Nesse ponto, faz-se importante algumas ressalvas: a noção de sistema de inovação facilita a observação de alguns pontos, a saber: a importância (para o desenvolvimento econômico) do processo de geração e de difusão de tecnologias; a importância da existência de universidades, centros tecnológicos e laboratórios de pesquisa e a importância da maior qualificação da mão de obra (principalmente nas áreas mais diretamente ligadas ao atual paradigma da microeletrônica). Essas "variáveis", quando presentes, são facilitadoras do processo de inovação, que termina por influenciar o desenvolvimento econômico e social de um "local".

---

2   Caso baseado em pesquisas realizadas por Renata Graziela Massula e Lara Pereira Firmino, sob a orientação do prof. Antônio Suerlilton Barbosa da Silva.

Dito isso, um sistema de inovação pode ser definido como uma rede de relacionamentos e intercâmbio, que envolve diferentes agentes econômicos e instituições que se empenham na introdução de novas tecnologias e que inclui ainda, nas economias emergentes, a transferência de novas tecnologias, a importação de novos equipamentos e os investimentos estrangeiros diretos (IED), além de incluir investimentos públicos e privados em pesquisa, desenvolvimento e difusão das inovações tecnológicas.

Dito de outra forma, um sistema é constituído por um conjunto de elementos e pelo relacionamento entre eles, donde se deduz que um sistema de inovação é constituído por elementos e relacionamentos interagindo na produção, na difusão e no uso de conhecimentos.

Os sistemas de inovação podem surgir e agir em diversos espaços territoriais, tendo como base fulcral os locais onde a inovação é bastante presente. Para isso, esses locais devem apresentar quatro características: uma área com boas características institucionais; uma área com um certo nível de produção e comercialização; uma área que possua conhecimento, desenvolvida em infraestruturas e boas práticas de políticas públicas e uma área que, ao longo do tempo, mantenha uma boa interligação entre produtor e consumidor. Porém, encontrar locais que possuam todas estas características não é uma tarefa muito fácil.

Os espaços territoriais mais indicados para o surgimento de sistemas de inovação são aquelas cidades que mantêm significativas transações e interações com o mundo exterior, fortes ligações com outros países e religiões. E como ponto-chave para a existência do sistema de inovação está a forte intervenção política, que promove e desenvolve importantes reformas em áreas como infraestruturas, educação, instituições, saúde e resolução de conflitos.

Finalmente, todo o sistema nacional de inovação deve estar preparado para atender aos requisitos da inovação em quatro áreas: a) no papel exercido pelas políticas públicas de CT&I; b) na importância da formulação das estratégias de P&D das empresas; c) na educação e no treinamento dos recursos humanos e inovações sociais relacionadas; d) na estrutura industrial conglomerada e na organização interna das firmas e as relações entre elas, em países específicos.

A existência dos sistemas de inovação vai permitir, nas cidades, o estabelecimento de inúmeras parcerias entre diversas empresas nacionais e internacionais, o que promove um ambiente criativo de excelência. Com isso, é possível evitar erros futuros no que diz respeito ao desenvolvimento urbano de qualidade e de gestão.

Os grandes problemas de ordem urbana, que surgem devido ao crescimento e ao desenvolvimento das cidades, podem ser combatidos e resolvidos recorrendo aos sistemas de inovação, neste caso específico, aos sistemas de inovação da cidade, ou sistema local de inovação. Estes sistemas de inovação ajudam a promover o desenvolvimento urbano sustentável, equilibrado e harmonioso. Ajudam a garantir uma boa gestão e o fornecimento de recursos tais como: abastecimento de água, gestão de energia, gestão de espaços verdes, sistemas de esgotos, proteção do solo, entre outros. Uma boa intervenção política é também extremamente importante, para garantir que todas as instituições a seu cargo funcionem correta e eficazmente. Ademais, o resultado das interações dos componentes é maior do que o resultado que as unidades poderiam ter se funcionassem de forma independente.

Cada local, dadas as suas particularidades, dispõe de uma combinação de características que influenciam na sua capacidade de produção de conhecimento, inovação e aprendizado. As aglomerações produtivas são consideradas ambientes propícios para a troca de informações e para o aprendizado dos agentes produtivos. A proximidade territorial facilita a comunicação e a interação, mas não é o fator determinante. É necessário um conjunto de fatores institucionais e culturais que favoreçam o local, criando assim um ambiente com capacidade inovadora.

Um sistema local de inovação estabelece relações de cooperação, formando uma rede colaborativa de pesquisa e desenvolvimento, com intercâmbio entre entidades locais, nacionais e internacionais. Esses sistemas desenvolvem-se em ambientes com interações mais intensas entre os agentes, dada a maior proximidade, estimulando a troca de informações e dos conhecimentos desenvolvidos no local. Essa troca pode ser estimulada por aspectos históricos e culturais comuns aos agentes e pela proximidade territorial.

Como exposto, o desenvolvimento de um sistema local de inovação depende de fatores como inovação, cooperação, conhecimento e informação. Esses fatores ganham impulso quando são apoiados por entidades tanto públicas quanto privadas.

Para o bom desempenho do Sistema Local de Inovação aqui estudado, as instituições de ensino e pesquisa são fundamentais. São elas que dão o tom da principal característica do lugar, ou seja, uma cidade universitária. São diversas as instituições de ensino superior (IES) que contribuem para o fortalecimento da pesquisa e, consequentemente, para o desenvolvimento econômico local.

O meio universitário demanda diversos serviços, tais como livrarias, restaurantes, bares, alojamentos, transportes, atividades culturais, hospitais, entre outros. A crescente procura por esses serviços chama a atenção de investidores para a região, potencializando o processo de geração de emprego e renda.

A administração pública se beneficia dos efeitos positivos da instalação de IES, pois estas são fonte de geração de mão de obra qualificada para o mercado local e regional. Porém, a gestão pública deve atuar com ações que propiciem um ambiente favorável à oferta de empregos para os alunos recém-egressos das universidades, por meio de incentivos que possam atrair novas indústrias para o local. Ficar atentos aos fatores de localização empresarial é uma das estratégias utilizadas.

A cooperação envolve relações de coordenação, organização, confiança mútua, união em todos os níveis, entre os diversos atores com objetivos comuns. Em instituições de ensino e pesquisa, a cooperação acontece de diversas formas, por exemplo, na utilização de espaço físico, nas pesquisas, nos eventos promovidos entre os alunos das instituições e em todas as atividades que envolvam ensino, pesquisa e extensão. Cabe ainda ressaltar que a cooperação também pode ser inovativa, propiciando a diminuição dos riscos, dos custos e de tempo. Esse tipo de cooperação deriva do aprendizado interativo entre os diversos agentes envolvidos, dinamizando o potencial de criação das capacidades produtiva e inovativa em um sistema de inovação local.

In loco, 50% das IES afirmaram possuir algum tipo de parceria com outras instituições de ensino e pesquisa. Contudo, 25% das IES declararam não realizar parcerias com outras IES e as demais mencionaram planos de parcerias futuras. No tocante às parcerias universidade-empresa, 75% das IES possuem ou possuíram algum tipo de relação com empresas dos setores público e privado. Essas parcerias são caracterizadas por meio de estágios, ensino clínico, pesquisas acadêmicas e de mercado, geração de patentes, serviços sociais, entre outros.

O governo local tem apoiado as IES do lócus investigado em diversas atividades. Esses apoios têm-se mostrado importantes na manutenção das IES locais para o desenvolvimento de seus projetos juntos às comunidades interna e externa. A parceria firmada entre IES e governo local é uma via de mão dupla. Das IES inquiridas, 75% delas receberam algum tipo de apoio do governo local (recursos materiais, humanos e financeiros). Na direção inversa, foram citados diversos projetos desenvolvidos pelas IES no atendimento à comunidade local (projetos nas áreas de saúde, inovação e social).

Este ambiente de apoio é constituído por vários mecanismos e programas, entre os quais se encontra um parque tecnológico, elemento integrante do projeto de desenvolvimento local. Os parques tecnológicos representam um ambiente propício à criação, à implantação e à operação de empreendimentos inovadores intensivos em conhecimento, impulsionando, por exemplo, o desenvolvimento tecnológico, a transferência de conhecimento, a interação universidade-setor empresarial, a interação governo-setor empresarial, a interação universidade-governo, a preservação e o uso racional de recursos naturais e a difusão da cultura.

Trata-se de um projeto estratégico e um instrumento de desenvolvimento econômico local e regional a ser implementado por meio de um sistema participativo e democrático, pretendendo obter soluções voltadas à qualidade e ao desenvolvimento socioeconômico e tecnológico do local. Dentre os fatores positivos para implantação de um parque tecnológico está a potencialização das relações universidade-empresa-governo, dentre outros.

Com relação ao emprego, as empresas existentes no local empregaram mais de 21 mil pessoas no ano de 2018, com os setores de serviços e indústria liderando nas contratações. Já em 2020, o Data Sebrae evidencia a presença de mais de 10 mil negócios no local.

Atualmente, o local estudado possui uma gama de IES com potencial para dinamizar o mercado de trabalho, ofertando abundante mão de obra qualificada. Cabe ao poder público, em parceria com o setor privado local, pensar em uma estratégia para absorver esses profissionais que estão deixando os bancos escolares.

Mas o que o setor público local tem feito de novo em sua gestão?

Hoje, a pressão da sociedade em torno de serviços públicos eficazes trouxe o campo da inovação para o setor público e, cada vez mais, práticas inovadoras precisam ser implementadas, visando menos burocracia e mais efetividade na administração pública brasileira. Isso tem forçado as organizações públicas a alinhar-se ao contexto de mudança, não somente administrativa, mas também organizacional. Somente com a modernização dos processos administrativos e organizacionais será possível o desenvolvimento de um espaço inovador.

A implementação de processos inovadores nas empresas privadas é semelhante à implementação nas empresas públicas? Claro que não, e por uma razão bem simples: nas empresas privadas, inovar significa aumentar o lucro, enquanto que, nas empresas públicas, significa qualidade na prestação dos serviços. Além disso, inovar no setor público é mais complexo, devido às particularidades envolvidas na sua gestão, tornando, assim, a atuação de ações governamentais (na pessoa do *policy maker)* geradoras da qualidade e de eficiência uma condição imprescindível.

Existe um conjunto de fatores influenciadores de um ambiente inovador? Sim!

A Tabela 1 apresenta o resultado geral do levantamento, no que diz respeito ao grau de importância e à presença de cada fator motivador da inovação no setor público do sistema de inovação do local estudado. Na sequência é apresentada a Tabela 2, que traz o grau de importância e a presença dos fatores que influenciam um ambiente inovador.

Quanto aos fatores que acarretam a inovação no setor público e que o motivam a inovar, o presente estudo destacou: "melhorar o desempenho da organização", "aumentar o valor público", "responder às expectativas dos cidadãos", "adaptar-se às necessidades dos usuários", "aumentar a eficiência dos serviços públicos", "reduzir custos", "acompanhar as mudanças ambientais" e "sobreviver às crises". Embora a pesquisa indique que todos são considerados importantes, alguns destes têm menor grau de presença na percepção dos gestores.

Os fatores "reduzir custos", "aumentar o valor público" e "acompanhar as mudanças ambientais" apresentam menor grau de presença como motivadores da inovação, estando a inovação mais evidente nos fatores "responder às expectativas dos cidadãos" e "adaptar-se às necessidades dos usuários", ou seja, a organização concentra-se nas atividades-fim.

De maneira geral, embora os fatores motivadores do ambiente inovador sejam considerados importantes ou muito importantes, o grau de presença percebido aqui é baixo.

Tabela 1: Grau de importância e presença atribuída aos fatores motivadores da inovação no setor público

		Nada importante	Pouco importante	+ ou – importante
IMPORTÂNCIA	Melhorar o desempenho da organização	- -	- -	9,1%
	Aumentar o valor público	- -	- -	9,1%
	Responder às expectativas dos cidadãos	- -	4,5%	- -
	Adaptar-se às necessidades dos usuários	- -	- -	9,1%
	Aumentar a eficiência dos serviços	- -	- -	4,5%
	Reduzir custos	- -	4,5%	9,1%
	Acompanhar as mudanças ambientais	- -	- -	18,2%
	Sobreviver às crises	- -	- -	13,6%
		Nada presente	Pouco presente	+ ou – presente

Importante	Muito importante	% positivo	Total
27,3%	54,5%	81,8%	100%
36,4%	45,5%	81,9%	100%
9,1%	77,3%	86,4%	100%
22,7%	59,1%	81,8%	100%
31,8%	54,5%	86,3%	100%
9,1%	68,2%	71,9%	100%
18,2%	54,5%	27,7%	100%
18,2%	59,1%	77,3%	100%
Presente	Muito presente	% positivo	Total

(continua)

	Nada importante	Pouco importante	+ ou – importante
Melhorar o desempenho da organização	-	18,2%	18,2%
Aumentar o valor público	13,6%	4,5%	22,7%
Responder às expectativas dos cidadãos	-	-	36,4%
Adaptar-se às necessidades dos usuários	-	9,1%	13,6%
Aumentar a eficiência dos serviços	-	4,5%	31,8%
Reduzir custos	22,7%	4,5%	13,6%
Acompanhar as mudanças ambientais	4,5%	13,6%	27,3%
Sobreviver às crises	-	13,6%	31,8%

PRESENÇA

Importante	Muito importante	% positivo	Total
27,3%	27,3%	54,6%	100%
27,3%	22,7%	50%	100%
22,7%	31,8%	54,5%	100%
45,5%	22,7%	68,2%	100%
31,8%	22,7%	54,5%	100%
22,7%	27,3%	50%	100%
27,3%	18,2%	45,5%	100%
18,2%	27,3%	45,5%	100%

Nota: % alta (importância) diz respeito à soma das percepções "Importante" e "Muito importante"; % alta (presença) representa a soma das percepções "Presente" e "Muito presente".

Fonte: elaborado pelos autores

Tabela 2: Grau de importância e presença dos fatores que influenciam o ambiente inovador no setor público

		Máximo	Mínimo
IMPORTÂNCIA	Estratégia da inovação	54,5	59,1
	Cultura de inovação	68,2	45,5
	Estrutura organizacional e pessoas	72,7	45,5
	Recursos para a inovação (físicos e financeiros)	77,3	72,7
	Gestão do processo de inovação	68,2	31,8
	Métricas da inovação	72,7	45,5
	Gestão de projetos de inovação	72,7	45,5
	Gestão de equipe	72,7	40,9
	Gestão do portfólio de inovação	45,5	40,9
	Vozes indutoras (tecnologia/ sociedade/organização)	63,3	45,5

Mediana	Média	Desvio padrão
59,1	57,6	2,7
50,0	53,4	10,1
50,0	56,1	14,6
75,0	75,0	3,3
50,0	50,0	18,2
50,0	56,0	14,6
72,7	63,6	15,7
54,5	56,0	16,0
43,2	43,2	3,3
56,65	55,5	9,2

(continua)

	Máximo	Mínimo
Estratégia da inovação	63,6	45,5
Cultura de inovação	68,2	45,5
Estrutura organizacional e pessoas	59,1	36,4
Recursos para inovação (físicos e financeiros)	86,4	63,6
Gestão do processo de inovação	72,7	45,5
Métricas da inovação	68,2	22,7
Gestão de projetos de inovação	77,3	50
Gestão de equipe	54,5	54,5
Gestão do portfólio de inovação	50	45,5
Vozes indutoras (tecnologia/ sociedade/organização)	72,7	50

PRESENÇA

Mediana	Média	Desvio padrão
50,0	53,0	9,4
56,8	56,8	10,8
50,0	48,5	11,4
75,0	75,0	16,1
59,1	59,1	13,6
50,0	47,0	22,9
72,7	66,7	14,6
54,5	54,5	0,0
47,75	47,75	3,2
59,1	60,2	11,9

Fonte: elaborado pelos autores

Comparando o grau de importância e a presença dos fatores motivadores do ambiente de inovação, constatou-se que os fatores "estrutura organizacional e pessoas", "métricas da inovação", e "gestão do portfólio de inovação" podem ser priorizados pelo governo local, para que se desenvolva um ambiente inovador. Os demais fatores demonstraram níveis de presença intermediários, significando um potencial a ser considerado.

Com a análise dos fatores motivadores da inovação, percebeu-se que alguns já vinham sendo empregados, trazendo resultados positivos para a organização, com evidente grau de presença. São eles: "responder às expectativas dos cidadãos"; "adaptar-se às necessidades dos usuários"; "aumentar a eficiência dos serviços".

Dentre os fatores que motivam o ambiente inovador, o "recursos para inovação (físicos e financeiros)" aparece como o mais importante e mais presente, sendo significativo no ambiente estudado.

Por fim, embora, *a priori*, seja perceptível a busca cada vez maior pelo tema inovação no setor público, o sistema de inovação em questão demonstra atualmente criar um ambiente favorável para a inovação, mesmo havendo indícios de que alguns fatores ainda precisam ser desenvolvidos.

Questões para Discussão

1. Qual a sua percepção sobre a importância de um sistema local de inovação?

2. A sua cidade se caracteriza como um sistema de inovação? Se sim, quais são suas características mais marcantes?

3. No conjunto dos stakeholders de um sistema local de inovação, qual deles possui maior influência?

4. Qual o papel do governo na Tríplice Hélice Universidade-Empresa-Governo?

5. Você consegue perceber a inovação no setor público da sua cidade?

6. Você utiliza os serviços públicos da sua cidade? Se sim, você os considera eficientes?

7. Escolha dois fatores motivadores da inovação no setor público que você considera mais relevante e justifique sua escolha.

Pontos Importantes

1. Apesar de as diferenças serem pouco abundantes, as abordagens e os conceitos de aglomerados locais trazem à tona algumas especificidades, especialmente no que se refere à estrutura, à operação e aos agentes envolvidos.

2. As principais abordagens sobre as aglomerações produtivas foram organizadas em quatro linhas de trabalho, a saber: nova economia do mainstream, economia de negócios ou gestão, ciência regional e economia da inovação.

3. A partir dos grupos de trabalho da economia da inovação, a RedeSist desenvolveu os conceitos de Sistemas Produtivos e Inovativos Locais – SPIL.

4. Nos estudos sobre as aglomerações produtivas, a ênfase no local pode ser justificada pelo entendimento de que as atividades produtivas e inovativas são diferenciadas temporal e espacialmente.

5. A partir do conceito dos SPIL, surgem os Arranjos Produtivos Locais (APLs), entendidos como aglomerações territoriais de agentes econômicos, políticos e sociais — com foco em um conjunto específico de atividades econômicas. Entretanto, este não é o entendimento comum na literatura.

6. Especialistas no estudo de APLs elencam algumas das principais vantagens dessa abordagem. Uma delas é a que representa uma unidade de análise que ultrapassa a visão baseada na organização individual (empresa), no setor ou na cadeia produtiva, permitindo estabelecer uma ponte entre o território e as atividades econômicas.

7. Com relação ao grau ou estágio de desenvolvimento, os arranjos podem ser classificados em incipientes, em desenvolvimento e desenvolvidos.

8. É possível perceber várias classificações dicotômicas do termo inovação, a saber: de produto e de processo, sociais e tecnológicas, radical e incremental.

9. O conceito de sistema de inovação tem como um dos objetivos principais a análise da relação produtor-utilizador e suas correspondentes interdependências.

EXERCÍCIOS PROPOSTOS

QUESTÃO I

Aprendemos ao longo do Capítulo 3 que, apesar de as diferenças serem pouco abundantes, as abordagens e os conceitos de aglomerados locais trazem à tona algumas especificidades, especialmente no que se refere à estrutura, à operação e aos agentes envolvidos. No que diz respeito aos agentes envolvidos, um deles é o governo. Identifique qual o seu papel no contexto dos aglomerados locais.

_____

_____

_____

QUESTÃO II

O Capítulo 3 apresenta as principais abordagens sobre as aglomerações produtivas organizadas em quatro linhas de trabalho. Uma delas é a de economia da inovação. Nesta linha de trabalho, o conceito abordado é o de sistema de inovação. Um sistema de inovação pode ser classificado como local, regional e nacional. A partir desse aprendizado, conceitue Sistema Nacional de Inovação, não esquecendo de citar a fonte.

_____

_____

QUESTÃO III

Aprendemos nesta nossa caminhada que o território não é apenas um suporte físico às atividades econômicas, mas também fruto das relações sociais que o compõem, entre elas a economia. Ademais, nos estudos sobre aglomerações produtivas, grande ênfase é dada ao local. Justifique essa afirmação.

_____

_____

_____

QUESTÃO IV

Para a elaboração de critérios de identificação de arranjo produtivo, aprendemos que é interessante estabelecer indicadores que sejam capazes de captar características inerentes ao arranjo. A partir desse aprendizado, cite pelo menos três desses indicadores.

_____

_____

_____

RESPOSTA AOS EXERCÍCIOS PROPOSTOS

Questão I: Indutor e promotor

Questão II: A literatura sobre a temática apresenta vários conceitos para o termo, por exemplo, estruturas organizacionais e institucionais de suporte às mudanças tecnológicas, as quais têm caráter predominantemente nacional (Freeman, 1998).

Questão III: Dado que as atividades produtivas e inovativas são diferenciadas temporal e espacialmente.

Questão IV: Por exemplo: especificidade do setor dentro de uma região, seu peso em relação à estrutura produtiva da região, a importância do setor na região.

REFERÊNCIAS

AGÊNCIA MINAS GERAIS. "Governo de Minas Gerais aposta nos arranjos produtivos locais". 2017. Disponível em: http://www.agenciaminas.mg.gov.br/noticia/governo-de-minas-gerais-aposta-nos-arranjos-produtivos-locais. Acesso em: 15 dez. 2018.

CAMPOS, F. L. S. "Inovação, tecnologia e alguns aspectos da análise neoschumpeteriana". *Revista Eletrônica Administradores sem Fronteiras.* 2004. Disponível em: http://pt.scribd.com/doc/48304592/INOVACAO-TECNOLOGIA-E-ALGUNS-ASPECTOS-DA-ANALISE-NEO-SCUMPETERIANA. Acesso em: 06 nov. 2019.

CARDOSO, U. C.; CARNEIRO, V. L. N.; RODRIGUES, E. R. Q. *APL: arranjo produtivo local.* Brasília, Sebrae, 2014.

CASSIOLATO, J. E; LASTRES, H. M. "O foco em arranjos produtivos e inovativos locais de micro e pequenas empresas". In: *Pequena empresa: cooperação e desenvolvimento local.* Rio de Janeiro, Relume Dumará, UFRJ, Instituto de Economia, p. 21-34, 2003.

CASSIOLATO, J. E.; MATOS, M. P.; LASTRES, H. M. *Arranjos produtivos locais: uma alternativa para o desenvolvimento.* 1 - Criatividade e Cultura. Rio de Janeiro, e-papers, 2008.

COSTA, O. D. *Arranjos produtivos locais APLs como estratégia de desenvolvimento: uma abordagem teórica.* Fortaleza, IPECE, 2011.

CHAVES, R. Q. "Inovatividade no sistema brasileiro de inovação na agricultura: uma análise baseada na política de cooperação internacional na Embrapa". Tese (Doutorado em Agronegócios).Universidade Federal do Rio Grande do Sul, Centro de Estudos e Pesquisas em Agronegócios, Programa de Pós-Graduação em Agronegócios, Porto Alegre, 2010.

FIRMINO, L. P. "Estudo dos fatores que influenciam um ambiente inovador nas organizações públicas: estudo de caso na Prefeitura de Itajubá/MG". 2018. 38f. Monografia (Graduação em Economia). Faculdade de Ciências Sociais Aplicadas, Itajubá-MG, 2018.

FREEMAN, C. *Technology policy and economic performance: lessons from Japan*. London, Pinter, 1987.

IBGE. "IBGE Cidades". Disponível em: https://cidades.ibge.gov.br/. Acesso em: 18 fev. 2017.

LASTRES, H. M.; CASSIOLATO, J. E.; MACIEL, M. L. *Pequena empresa: cooperação e desenvolvimento local*. Rio de Janeiro, Relume Dumará, 2003.

LEMOS, C. R. *Notas preliminares do Projeto Arranjos Locais e Capacidade Inovativa em contexto Crescentemente Globalizado*. Rio de Janeiro, IE/UFRJ, mimeo, 1997.

MARSHALL, A. *Industry and trade*. London, Macmillan & Co. Limited, Chapter XII, 1919.

MASSULA, R. G. "Sistema local de inovação: alguns elementos constitutivos da cidade de Itajubá/MG". 2012. 52f. Monografia (Graduação em Economia). Faculdade de Ciências Sociais Aplicadas, Itajubá-MG, 2012.

MOTTA, P. R. *Transformação organizacional: a teoria e prática de inovar*. Rio de Janeiro, Quality Mark, 1997.

MULGAN, G.; ALBURY, D. "Innovation in the public sector". Cabinet: Office, 2003. Disponível em: http://www.michaellittle.org/documents/Mulgan%20on%20Innovation.pdf. Acesso em: 30 jan. 2020.

PIRES, M. C. F. S. et al. "Inovação na gestão pública no Brasil: Análise dos limites e possibilidades". PROFIAP, 2016. Disponível em: http://www.profiap.org.br/profiap/eventos/2016/i-congresso-nacionalde-mestrados-profissionais-em-administracao-publica/anais-do-congresso/40610.pdf Acesso em: 30 jan. 2020.

PORTER, M. Competição – Estratégias Competitivas Essenciais. 2ª Edição. São Paulo: Editora Campus, 1999.

REDESIST. Disponível em: http://www.redesist.ie.ufrj.br/. Acesso em: 10 fev. 2019.

RETIC. "APL TIC Itajubá foi reconhecido oficialmente pelo governo de Minas Gerais". 2017. Disponível em: http://www.retic.com.br/apl-tic-itajuba/. Acesso em: 10 dez. 2018.

ROSA, V. C. M. "Sistema local de inovação: estudo de caso do município de Sobral-CE". Dissertação (Mestrado Profissional em Economia). Universidade Federal do Ceará, Fortaleza, 2010.

SCHMITZ, A. et al. "As interações de conhecimento nos sistemas de inovação: uma análise bibliométrica e as formas de interação identificadas". *Perspectivas em Gestão & Conhecimento*, v. 5, n. Especial, p. 69-85, João Pessoa, 2015.

SEDE. "Reconhecimento do APL TIC Itajubá". Nota técnica n. 001/2016 de 28/03/2016. Disponível em: http://www.retic.com.br/wp-content/uploads/2016/08/Reconhecimento-APL-TIC-Itajub%C3%A1.pdf Acesso em: 15 dez. 2018.

SUZIGAN. W. "Identificação, mapeamento e caracterização estrutural de arranjos produtivos locais no Brasil". Brasília, IPEA/DISET, Relatório Consolidado, 56 p., 2006.

SUZIGAN, W.; FURTADO, J.; GARCIA, R; SAMPAIO, S. E. K. "Clusters ou sistemas locais de produção: mapeamento, tipologia e sugestões de políticas". *Revista de Economia Política*, v. 24, n. 4, p. 543-562, 2004.

PARTE 2

CONSTRUTOS, BANCO DE DADOS E ANÁLISES ESTATÍSTICAS

CAPÍTULO 4

Procedimentos para a Pesquisa Quantitativa

Prezado(a) leitor(a), o objetivo deste capítulo é descrever e fundamentar as opções metodológicas nas quais se encontra baseada esta pesquisa pois, desde o surgimento das questões e hipóteses que se pretendeu testar, passando pela escolha das bases de dados, pela construção do painel de dados e pela identificação dos métodos e das técnicas estatísticas utilizados, percorreu-se um processo complexo que exigiu uma abordagem própria e pormenorizada.

O QUE VOCÊ ENCONTRARÁ NESTE CAPÍTULO:

- Questões submetidas aos respondentes

- Banco de dados da pesquisa

- Empresas participantes da pesquisa

- Procedimentos metodológicos adotados na pesquisa

A partir do modelo conceitual de pesquisa, relacionamos as questões submetidas aos respondentes. Em um total de 12, estas questões estão embasadas em três construtos de primeira ordem (interações sinérgicas, spillover de conhecimento e performance empresarial) e um construto de segunda ordem (APL TIC Itajubá). O Quadro 14 expõe as questões submetidas aos respondentes.

Quadro 14: Questões submetidas aos respondentes

QUESTÕES	DESCRIÇÃO
Q1	As relações de cooperação existentes entre as empresas têm contribuído para a ampliação da competitividade em relação aos concorrentes locais?
Q2	A cooperação entre empresas traz benefícios mútuos que dificilmente seriam alcançados sem a referida relação?
Q3	A contratação conjunta de serviços de consultorias especializadas tem sido considerada por sua empresa como uma fonte de inovação relevante?
Q4	O conhecimento transferido por outras empresas tem contribuído de forma significativa para que sua empresa obtenha vantagens competitivas no mercado?
Q5	As empresas do APL com as quais você mantém relações estão comprometidas com o compartilhamento de recursos tecnológicos, conhecimentos e informações de mercado?
Q6	As relações estabelecidas entre as empresas do APL têm permitido a troca de informações sobre preços praticados por seus parceiros?
Q7	As relações estabelecidas pela empresa dirigida por você com outras empresas do APL ampliaram seus canais de distribuição?
Q8	As relações estabelecidas entre as empresas do APL têm permitido a troca de informações sobre preços praticados por seus concorrentes?

QUESTÕES	DESCRIÇÃO
Q9	As informações sobre o mercado são trocadas com facilidade entre as empresas do APL?
Q10	As relações estabelecidas com outras empresas têm permitido inovações incrementais (melhorias) em seus produtos e processos tecnológicos?
Q11	A governança tem atuado de forma eficiente na coordenação das relações das empresas do APL TIC Itajubá?
Q12	A governança tem um papel relevante na construção de uma visão coletiva que favorece o desempenho e o crescimento do conjunto das empresas do APL TIC Itajubá?

Fonte: adaptado de Sousa *et al.*

O banco de dados deste estudo ora apresentado foi alimentado a partir de uma pesquisa realizada por meio de questionário on-line, com 61 empresas do setor de TIC pertencentes ao APL em estudo. O Quadro 15 apresenta a área de atuação e a localização das empresas em questão.

Quadro 15: Empresas participantes da pesquisa (*continua*)

Empresa	Área de atuação	Localização
Empresa 1	Consultoria (energia)	Itajubá
Empresa 2	Comunicação e marketing	Itajubá
Empresa 3	Automação industrial	Itajubá
Empresa 4	Soluções de comércio eletrônico	Itajubá
Empresa 5	Biomedicina	Itajubá
Empresa 6	Automação comercial e consultoria	Itajubá
Empresa 7	Marketing e publicidade	Itajubá
Empresa 8	Indústria e comércio de produtos eletrônicos	Itajubá
Empresa 9	Tarifas de energia elétrica	Itajubá

(continua)

Empresa	Área de atuação	Localização
Empresa 10	Tratamento de dados e outros	Itajubá
Empresa 11	Consultoria e projetos (mecânico, materiais, energia e aeronáutico)	Itajubá
Empresa 12	Criação de soluções (dispositivos móveis)	Itajubá
Empresa 13	Desenvolvimento de tecnologias (mineração, energia e siderurgia)	Itajubá
Empresa 14	Desenvolvimento de soluções (climatização, ventilação industrial, instalações térmicas e hidráulicas)	Itajubá
Empresa 15	Gestão de prefeituras	Itajubá
Empresa 16	Desenvolvimento de soluções (energia)	Itajubá
Empresa 17	Desenvolvimento de softwares	Itajubá
Empresa 18	Desenvolvimento de softwares	Itajubá
Empresa 19	Desenvolvimento de softwares e games	Itajubá
Empresa 20	Desenvolvimento de jogos eletrônicos	Itajubá
Empresa 21	Desenvolvimento de softwares	Itajubá
Empresa 22	TI (Finanças)	Itajubá
Empresa 23	Internet	Itajubá
Empresa 24	Eletrônica	Itajubá
Empresa 25	Internet	Itajubá
Empresa 26	Energia e petroquímica	Itajubá
Empresa 27	Comunicação em mídias	Brazópolis
Empresa 28	Desenvolvimento de softwares	Itajubá
Empresa 29	Prestação de serviços em TI	Brazópolis
Empresa 30	Rastreabilidade (indústria da carne)	Itajubá
Empresa 31	Treinamento e consultoria na área de redes	Itajubá
Empresa 32	TI	Itajubá
Empresa 33	Iluminação	Itajubá

Empresa	Área de atuação	Localização
Empresa 34	Desenvolvimento de soluções (Agronegócio)	Itajubá
Empresa 35	Publicidade	Itajubá
Empresa 36	Telecomunicações	Itajubá
Empresa 37	Automação dos processos	Itajubá
Empresa 38	Internet	Itajubá
Empresa 39	Sistemas eletrônicos	Itajubá
Empresa 40	Desenvolvimento de softwares	Itajubá
Empresa 41	Comunicação	Itajubá
Empresa 42	Automação industrial	Itajubá
Empresa 43	Internet	Itajubá
Empresa 44	Eletrônica e tecnologia	Itajubá
Empresa 45	Publicidade e marketing	Itajubá
Empresa 46	Automação comercial e mobilidade corporativa	Itajubá
Empresa 47	Manutenção de computadores	Itajubá
Empresa 48	Módulos didáticos para laboratórios de eletroeletrônica	Itajubá
Empresa 49	Desenvolvimento de sistemas computacionais	Itajubá
Empresa 50	Setor elétrico	Itajubá
Empresa 51	Educação	Itajubá
Empresa 52	Desenvolvimento de sistemas computacionais	Itajubá
Empresa 53	Desenvolvimento de sistemas	Itajubá
Empresa 54	Soluções em softwares	Itajubá
Empresa 55	Serviços de internet	Itajubá
Empresa 56	Jogos	Itajubá

(continua)

Empresa	Área de atuação	Localização
Empresa 57	Consultoria	Itajubá
Empresa 58	Energia	Itajubá
Empresa 59	Soluções em TI	Itajubá
Empresa 60	Comunicação	Itajubá
Empresa 61	Comunicação	Itajubá

Fonte: elaborado pelo autor

MOMENTO DO DESAFIO

OS APLs COMO ESTRATÉGIA DE DESENVOLVIMENTO ECONÔMICO

Desde os trabalhos seminais de Michael Eugene Porter, que chamaram a atenção do meio acadêmico e empresarial para os *clusters* de vinho, na Califórnia (EUA) e de artigos de moda de couro, na Itália, os arranjos produtivos locais, ou simplesmente APLs, vêm paulatinamente ganhando status de estratégia de desenvolvimento, ou, simplesmente, uma "solução interessante para alavancar resultados de pequenas e médias empresas". No Brasil, o termo "Arranjo Produtivo Local", ou APL, foi inspirado nos modelos de desenvolvimento dos distritos industriais italianos e do Vale do Silício californiano, aliado aos estudos de sistemas produtivos e inovativos locais (SPILs).

O conceito de APL, já muito discutido no meio acadêmico e nas instituições, ainda apresenta controvérsias, acreditam alguns, devido à inexistência de uma definição precisa. Por outro lado, o termo ganhou vasta aprovação quando aludido pela política pública. No Brasil, mais recentemente, os APLs têm chamado a atenção dos *policy maker* e também de entidades representativas e especialistas na temática. Essa atenção deve-se ao seu perceptível dinamismo econômico e potencial competitivo.

Desafio

Dada a sinalização da importância dos APLs para o desenvolvimento econômico de um local, busque saber se em sua região há algum APL ou qualquer outra forma de organização econômica. Na sequência, identifique o número de empresas agregadas, seu segmento de mercado e suas vantagens competitivas.

O universo da pesquisa foi constituído por 100 das 103 empresas pertencentes ao APL TIC Itajubá, de acordo com a Rede de Empresas de Tecnologia, Inovação e Conhecimento (RETIC). Todas elas foram contatadas entre os dias 04 e 16 de julho de 2018, sendo solicitado a cada respondente o seu grau de concordância em relação aos itens do questionário, em uma escala do tipo Likert, que variou de 1 (Discordo totalmente/Pouco importante) a 4 (Concordo totalmente/Muito importante). Dessa forma, intervalos estritamente menores que 2,5 indicam que as empresas tendem a discordar, intervalos estritamente maiores que 2,5 indicam que as empresas tendem a concordar e intervalos que apresentam 2,5 indicam que as empresas não tendem a discordar nem a concordar.

O(a) leitor(a) deve saber que é a natureza da variável a ser medida, a habilidade dos respondentes em fazer julgamentos e o tipo de análise a ser desenvolvida que sinalizam o uso desse tipo de escala.

Foram respondidos 61 questionários, obtendo-se, assim, uma amostra não probabilística de 61% (61/100). No entanto, não é possível fazer aqui qualquer extrapolação de características da amostra à população pois, para isso, é necessária uma amostra aleatória, permitindo-se a inferência estatística. Ademais, não se pode assegurar a ausência de vieses relacionados à "não resposta". Sendo assim, todas as análises apresentadas são exclusivas à amostra.

Chamamos a atenção do(a) leitor(a) para a importância de se garantir duas características dos instrumentos de medida: a validade e a confiabilidade. Garantir a validade do instrumento significa provar estatisticamente que o questionário realmente mede aquilo que propõe. A confiabilidade pode ser definida como a reprodutibilidade da medida. Nesta pesquisa, essas características estão presentes.

Realizou-se uma análise dos outliers com o objetivo de perceber "observações" que apresentavam um padrão de resposta diferente das demais. Pode-se classificar quatro tipos de outliers, a saber: (1) erros na tabulação dos dados ou falhas na codificação; (2) observações decorrentes de algum evento extraordinário; (3) observações extraordinárias, para as quais o pesquisador não tem uma explicação e (4) observações que estão no intervalo usual de valores para cada variável, mas são únicas em sua combinação de valores entre as variáveis.

Após a análise, verificou-se a existência de dois tipos de outliers:

1. Os univariados – que representam respostas divergentes com base em cada uma das variáveis do modelo;

2. Os multivariados – que apresentam um padrão de resposta diferente, considerando todas as variáveis ao mesmo tempo.

Os outliers univariados foram diagnosticados por meio da padronização dos resultados, de forma que a média da variável fosse 0 e o desvio padrão 1. Assim, foram considerados outliers univariados aquelas observações com escores padronizados fora do intervalo de |4,00|. Já os outliers multivariados foram diagnosticados com base na medida D^2 de Mahalanobis. Essa medida de distância foi introduzida pelo matemático indiano Prasanta Chandra Mahalanobis, em 1936. É baseada nas correlações entre variáveis, com as quais distintos padrões podem ser identificados e analisados.

As empresas que apresentaram uma significância da medida inferior a 0,001 foram consideradas outliers multivariados.

Inicialmente, para a verificação da linearidade dos dados, foram analisadas as correlações das variáveis "par a par", uma vez que um coeficiente de correlação significativo, ao nível de 5%, é indicativo da existência de linearidade. Além disso, foi realizado o teste de Bartlett, para verificar a linearidade em cada construto, uma vez que valores "p" menores que 0,05 indicam a existência de evidências significativas de linearidade dentro dos construtos.

Na descrição dos itens, foram utilizados média e desvio padrão, além do método Bootstrap, para calcular os intervalos de confiança das médias. O método *Bootstrap* é muito utilizado na realização de inferências, quando não se conhece a distribuição de probabilidade da variável de interesse.

A fim de identificar as questões pertencentes aos construtos, fez-se uso da análise fatorial e, para a avaliação das relações entre os construtos, foi utilizado o modelo de equações estruturais, com a abordagem *Partial Least Square* (PLS). Essa abordagem foi desenvolvida como uma alternativa à abordagem tradicional, baseada na matriz de covariância (CBSEM). É uma técnica que oferece maior flexibilidade à modelagem dos dados, uma vez que não é necessário satisfazer algumas suposições mais duras, tais como normalidade multivariada dos dados, independência entre as observações e tamanho amostral elevado.

O processo de modelagem de equações estruturais é dividido em duas partes, a saber: modelo de mensuração e modelo estrutural. Para verificar a validade do modelo de mensuração, ou seja, a capacidade do conjunto de indicadores de cada construto representar com precisão seu respectivo conceito, foram avaliadas a validade convergente (avaliação do grau em que as medidas do mesmo conceito estão correlacionadas), a confiabilidade, a validade discriminante (avaliação do grau em que um construto é verdadeiramente diferente dos demais) e a dimensionalidade (uma suposição inerente e exigência essencial para a criação de uma escala múltipla é que os itens sejam unidimensionais, significando que eles estão fortemente associados um com o outro e representam um único conceito).

Na avaliação da validade convergente, utilizou-se o critério da Variância Média Extraída (AVE), proposto por Fornell e Larcker (1981). A AVE representa o percentual médio de variância compartilhada (o quanto um construto consegue explicar a variabilidade do outro) entre o construto latente e seus indicadores. Esse critério garante a validade convergente para valores de AVE acima de 50% ou 40%, no caso de pesquisas exploratórias.

Para verificar a confiabilidade, foram utilizados os indicadores Alfa de Cronbach (AC) — indicador que representa a proporção da variância total da escala que é atribuída ao verdadeiro escore do construto latente que está sendo mensurado — e Confiabilidade Composta (CC) — medida do grau em que um conjunto de itens de um construto é internamente consistente em suas mensurações. Os indicadores AC e CC devem apresentar valores acima de 0,70 para uma indicação de confiabilidade do construto, ou valores acima de 0,60, no caso de pesquisas exploratórias.

Para a validade discriminante, foi utilizado o critério de Fornell e Larcker (1981). Este critério garante a validade discriminante quando a Variância Média Extraída (AVE) de um construto for maior que a Variância Compartilhada Máxima (VCM) desse mesmo construto com os demais. Para verificar a dimensionalidade dos construtos, foi utilizado o critério de Kaiser, garantindo, assim, o retorno da quantidade de dimensões do construto.

O método Bootstrap também foi utilizado para calcular os intervalos de confiança para os pesos do modelo de mensuração ——coeficientes que irão ponderar a importância de cada pergunta na formação do indicador para representar o construto — e dos coeficientes do modelo estrutural, fornecendo informações a respeito da variabilidade dos parâmetros estimados, provendo, assim, uma importante validação dos resultados.

Na avaliação da qualidade do ajuste do modelo, foram utilizados o R^2 e o GoF. O R^2 representa, em uma escala de 0% a 100%, o quanto os construtos independentes explicam os dependentes. Comumente, valores menores que 25% representam capacidade explicativa fraca, valores entre 25% e 50% indicam capacidade explicativa moderada, e valores acima de 50% evidenciam uma capacidade explicativa substancial. O GoF é uma média geométrica das AVEs dos construtos e dos R^2 do modelo e varia também de 0% a 100%. Em PLS, o GoF não tem a capacidade de diferenciar modelos válidos de inválidos, como também não se aplica a modelos com construtos formativos, permitindo apenas uma síntese das AVEs e dos R^2 do modelo em uma única estatística, podendo ser útil para futuras comparações de aderência ao modelo de diferentes amostras.

Com o propósito de agrupar as empresas com características semelhantes no que se refere às questões, fez-se uso da Análise Hierárquica de Agrupamento, através do método de Ward e da distância euclidiana, como medida de dissimilaridade. O método de Ward busca formar grupos de maneira a atingir sempre o menor erro interno entre os vetores que compõe cada grupo e o vetor médio do grupo, ou seja, o método busca o mínimo desvio padrão entre os dados de cada grupo. A distância euclidiana é um conceito matemático que representa a menor distância existente entre dois pontos na geometria euclidiana.

A fim de visualizar as correlações entre as variáveis, foram construídos mapas perceptuais mediante a análise de componentes principais. Além disso, na verificação da associação entre as questões, foi utilizada a correlação de Spearman. Esta é uma medida limitada entre -1 e 1, onde quanto mais próximo o coeficiente estiver de -1, maior a correlação negativa, e quanto mais próximo o coeficiente estiver de 1, maior a correlação positiva

O software utilizado nas análises foi o R. O R é um ambiente de trabalho para a realização de análises de dados e estatísticas, além de permitir também a preparação de gráficos. Gratuito, o R possui uma ampla base de usuários, o que resulta em grande quantidade de informação disponível na internet, para ajudar no uso e no aprendizado da linguagem. Ademais, vários pacotes disponíveis em repositórios podem ser facilmente carregados e novos pacotes podem ser criados pelo usuário, para o uso eficiente desse ambiente de trabalho.

VALE A PENA SABER!

A IMPORTÂNCIA DA ESTATÍSTICA PARA A PESQUISA CIENTÍFICA

Atualmente, a pesquisa científica traz à tona a necessidade de superar a dicotomia das abordagens quantitativa e qualitativa e de se buscar uma maior aproximação da quantificação em qualquer área do conhecimento, de modo a proporcionar uma melhor visualização dos problemas vivenciados pela sociedade. As quantificações, ou análises quantitativas, tornam mais robustos os argumentos, além de constituírem indicadores importantes para as análises qualitativas. Outrossim, a pesquisa quantitativa não se coloca em oposição à qualitativa. Enfim, as duas convergem para a complementaridade mútua, sem vincular os procedimentos e técnicas a questões metodológicas e paradigmáticas. De outra forma, "o tratamento quantitativo exclusivamente ao positivismo e as abordagens qualitativas ao pensamento interpretativo (fenomenologia, dialética, hermenêutica...).

Fonte: Disponível em: https://www.academia.edu

No capítulo seguinte serão apresentadas as análises estatísticas necessárias à validação das hipóteses aqui levantadas. Ele está organizado conforme a Figura 1.

Figura 1: Análises estatísticas necessárias à validação das hipóteses

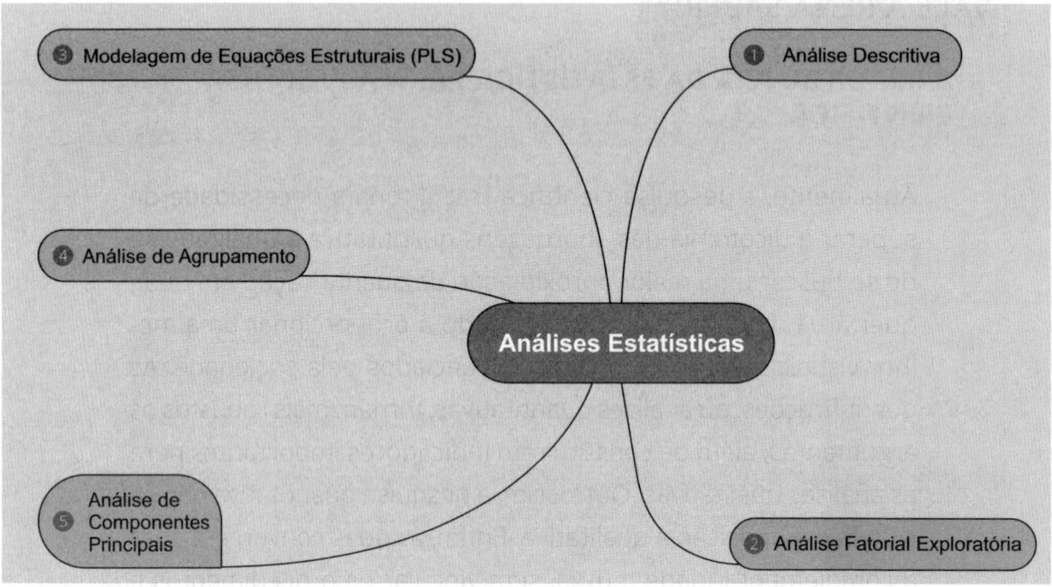

Fonte: elaborado pelo autor

Também serão testadas as seguintes hipóteses:

1ª O APL TIC Itajubá influencia positivamente a performance dos agentes nele inseridos.

2ª/1 Uma maior interação entre os agentes econômicos do APL TIC Itajubá influencia positivamente a performance desses agentes.

2ª/2 Os spillovers de conhecimento influenciam positivamente a performance das empresas que compõem o APL TIC Itajubá/MG.

3ª/1 A performance empresarial pode influenciar positivamente as interações sinérgicas.

3ª/2 A performance empresarial pode influenciar positivamente os spillovers.

Pontos Importantes

1. As questões submetidas aos respondentes foram embasadas em três construtos de primeira ordem e um construto de segunda ordem.

2. O banco de dados foi alimentado a partir de pesquisa realizada por meio de questionário online, com 61 empresas do setor de TIC.

3. Realizou-se uma análise dos outliers, com o objetivo de perceber "observações" que apresentavam um padrão de resposta diferente das demais.

4. Inicialmente, para a verificação da linearidade dos dados, foram analisadas as correlações das variáveis "par a par".

5. Na descrição dos itens, foram utilizados média e desvio padrão, além do método Bootstrap.

6. A fim de identificar as questões pertencentes aos construtos, fez-se uso da análise fatorial.

7. Para a avaliação das relações entre os construtos, foi utilizado o modelo de equações estruturais, com a abordagem *Partial Least Square* (PLS).

8. Na avaliação da validade convergente, utilizou-se o critério da Variância Média Extraída (AVE).

9. Para verificar a confiabilidade, foram utilizados os indicadores Alfa de Cronbach (AC) e Confiabilidade Composta (CC).

10. Para a validade discriminante, foi utilizado o critério de Fornell e Larcker.

11. O método Bootstrap também foi utilizado para calcular os intervalos de confiança para os pesos do modelo de mensuração e dos coeficientes do modelo estrutural.

12. Na avaliação da qualidade do ajuste do modelo, foram utilizados o R^2 e o GoF.

13. Fez-se uso da análise hierárquica de agrupamento, através do método de Ward e da distância euclidiana, como medida de dissimilaridade.

14. De modo a visualizar as correlações entre as variáveis, foram construídos mapas perceptuais mediante a análise de componentes principais.

15. O software utilizado nas análises foi o R.

EXERCÍCIOS PROPOSTOS

QUESTÃO I

As questões submetidas aos respondentes foram embasadas em três construtos de primeira ordem e um construto de segunda ordem. Quais são eles? O que os diferenciam?

QUESTÃO II

Os autores realizaram, como procedimento estatístico, uma análise dos outliers. Qual a importância dessa análise? Quais as informações obtidas pelos autores a partir dela?

QUESTÃO III

Na descrição dos itens, foram utilizados média e desvio padrão, além do método Bootstrap. Além disso, a fim de identificar as questões pertencentes aos construtos, fez-se uso da análise fatorial e, para a avaliação das relações entre os construtos, foi utilizado o modelo de equações estruturais, com a abordagem *Partial Least Square* (PLS). Em relação à abordagem PLS, pode-se afirmar que:

a. É uma técnica que oferece maior flexibilidade à modelagem dos dados, uma vez que não é necessário satisfazer algumas suposições mais duras.

b. É um método utilizado na realização de inferências, quando não se conhece a distribuição de probabilidade da variável de interesse.

c. Os modelos de mensuração e estrutural compõem a abordagem PLS.

d. Essa abordagem garante a validade convergente para valores de AVE acima de 50%

ou 40%, no caso de pesquisas exploratórias.

e. Representa, em uma escala de 0% a 100%, o quanto os construtos independentes explicam os dependentes.

RESPOSTA AOS EXERCÍCIOS PROPOSTOS

Questão I: Primeira ordem: interações sinérgicas, spillover de conhecimento e performance empresarial

Segunda ordem: APL TIC Itajubá.

Os construtos de primeira ordem foram originados das questões que formaram o questionário de pesquisa. Os de segunda ordem originou-se a partir dos construtos interações sinérgicas, spillover de conhecimento.

Questão II: Os outliers permitem perceber "observações" que apresentam um padrão de resposta diferente das demais. Após a análise, verificou-se a existência de dois tipos de outliers: os univariados, que representam respostas divergentes com base em cada uma das variáveis do modelo, e os multivariados, que apresentam um padrão de resposta diferente, considerando todas as variáveis ao mesmo tempo.

Questão III – a

REFERÊNCIAS

ALMEIDA, M. S. *Elaboração de projeto, TCC, dissertação e tese: uma abordagem simples, prática e objetiva*. São Paulo, Atlas, 2011.

ÁVILA, G. "Euclides, Geometria e Fundamentos". *Revista do Professor de Matemática*, 45, 2001. Disponível em: http://www.bibvirt.futuro.usp.br/textos/hemeroteca/rpm/rpm45/rpm45_01.pdf. Acesso em: 17 de mar. 2018.

CHIN, W. W. "The partial least squares approach to structural equation modeling". In: *Methodology for business and management. Modern methods for business research*. 1st. ed. Mahwah, NJ, US, Lawrence Erlbaum Associates Publishers, p. 295–336, 1998.

EFRON, B.; TIBSHIRANI, R. J. *Introduction to the Bootstrap*. New York, Chapman & Hall, 1993.

FAUSTINO, C. "Os impactos dos spillovers de conhecimento derivados das redes de inovação na performance das empresas: a evidência de uma revisão da literatura". 2011. 144f. Dissertação (Mestrado em Economia da Inovação e Empreendedorismo). Universidade do Algarve, Algarve, 2011.

FIGUEIREDO FILHO, D. B.; SILVA JUNIOR, J. A. da. "Visão além do alcance: uma introdução à análise fatorial". *Opinião Pública*, Campinas, v. 16, n. 1, p. 160-185, 2010. Disponível em: http://www.scielo.br/scielo.php?script=sci_arttext&pid=S0104-62762010000100007&lng=en&nrm=iso. Acesso em: 17 dez. 2018.

FORNELL, C.; LARCKER, D. F. "Evaluating Structural Equation Models with Unobservable Variables and Measurement Error". *Journal of Marketing Research*, v. 18, n. 1, p. 39–50, 1981.

GIRALDI, J. M. E.; LIBONI, L. B. "Mapa Perceptual: uma ferramenta para gerenciamento do posicionamento de marcas". In: Congresso Virtual Brasileiro de Administração, 2004. *Anais* [...]. Disponível em: http://www.convibra.com.br/2004/pdf/81.pdfAcesso em: 12 dez. 2018.

HAIR, J. F. J.; HULT, G. T.; RINGLE, C. M.; SARSTEDT, M. *A primer on partial least squares structural equation modeling (PLS-SEM)*. Sage Publications, 2016.

HAIR, J. F.; BLACK, W. C.; BABIN, B. J.; ANDERSON, R. E.; TATHAM, R. L. *Análise Multivariada de Dados*. Porto Alegre, Bookman, 2009.

HENSELER, J.; RINGLE, C. M.; SINKOVICS, R. R. "The use of partial least squares path modeling in international marketing". *Advances in International Marketing*, v. 20, n. 2009, p. 277–319, 2009.

HOLLANDER, M.; WOLFE, D. *Nonparametric Statistical Methods*. [s.l.] New York, John Wiley & Sons, 1999.

HONGYU, K. "Comparação biplot ponderado e AMMI-ponderado com genótipo × ambiente". 2015. 155p. Tese (Doutorado Experimentação Superior de Agricultura), Universidade de São Paulo, Piracicaba, 2015.

HONGYU, K.; SANDANIELO, V. L. M.; OLIVEIRA JUNIOR, G. J. "Análise de Componentes Principais: resumo teórico, aplicação e interpretação". *E&S - Engineering and Science*, v. 5, n. 1, 2016. Disponível em: http://periodicoscientificos.ufmt.br/ojs/inde x.php/eng/article/view/3398/2744. Acesso em: 24 fev. 2019.

JOHNSON, R. A; WICHERN, D. W. *Applied multivariate statistical analysis*. 4 ed. Prentice-Hall, New Jersey, 1998.

KAISER, H. F. "The varimax criterion for analytic rotation in factor analysis". *Psychometrika*, v. 23, n. 3, p. 187-200, 1958.

MAHALANOBIS, P. C. "On the generalised distância in statistics". *Proceedings of the National Institute of Sciences of India*, India, ano 2, n. 1, p. 49-55, 1936.

MAROCO, J. *Análise estatística com a utilização do SPSS*. Lisboa, Edições Silabo, 2007.

MONECKE, A.; LEISCH, F. "Sem PLS Structural Equation Modeling Using Partial Least Squares". *Journal of Statistical Software*, 48, 1-32, 2012.

NUNNALLY, J. C.; BERNSTEIN, I. H. *Psychometric Theory*. 3. ed. New York, McGraw-Hill, 1994.

OLIVEIRA, T. M. "V. de. Amostragem não probabilística: adequação de situações para uso e limitações de amostras por conveniência, julgamento e quotas". *Administração Online. Prática – Pesquisa – Ensino*, v. 2, n. 3, 2001. Disponível em: https://www.fecap.br/adm_online/art23/tania2.htm. Acesso em: 03 de mar. 2019.

PIRES, E. L. S.; FUIN, L. L.; MANCINI, R. F.; PICCOLI NETO, D. "Governança territorial no Brasil: conceitos, fatos e modalidades". In: I Circuito de Debates Acadêmicos, Rio Claro, *Anais* [...] Rio Claro: UNESP - IGCE: Programa de Pós-graduação em Geografia, 2011.

PORTER, M. E. *Cluster and the New Economics of Competition*. Cambridge, Harvard Business School Press, 1998.

RETIC. "APL TIC Itajubá foi reconhecido oficialmente pelo governo de Minas Gerais". 2017. Disponível em: http://www.retic.com.br/apl-tic-itajuba/. Acesso em: 10 dez. 2018.

SANCHEZ, G. *PLS Path Modeling with R.* Trowchez Editions: Berkeley, 2013. Disponível em: http://www.gastonsanchez.com/PLS Path Modeling with R.pdf. Acesso em: 24 fev. 2019.

SCHUMACKER, E. R.; LOMAX, G. R. *A beginner's guide to structural equation modeling*. Mahwah, Erlbaum, 1996.

SEBRAE. "DataSebrae Indicadores". Disponível em: https://datasebraeindicadores.sebrae.com.br/resources/sites/data-sebrae/data-sebrae.html#. Acesso em: 27 dez. 2020.

SOUSA, A. R.; BRITO, M. J.; SILVA, P. J.; ARAÚJO, U. P. "Cooperação no APL de Santa Rita do Sapucaí". *Revista de Administração Mackenzie*, v. 16, n. 1, p. 157-187, 2015.

STORPER, M. "Industrialization and the regional question in the third world: lessons of postimperialism; prospects of post-Fordism". *International Journal of Urban and Regional Research* 14.3, 423–44, 1990.

TENENHAUS, M.; VINZI, V. E.; CHATELIN, Y.; LAURO, C. "PLS path modeling". Computational Statistics and Data Analysis, v. 48, n. 1, p. 159-205, 2005.

URBAN, G. L.; HAUSER, R. H. *Design and Marketing of New Products*. 2. ed. Englewood Cliffs, Prentice-Hall, 1993.

WARD, J. H. "Hierarquical grouping to optimize an objective function". *Journal of the American Statistical Association*, v. 58, p. 236-244. Mar, 1963.

YUKIHARA, E. R. "Um ambiente de trabalho gratuito para análise e visualização de dados". 2014. Disponível em: https://cienciapratica.wordpress. com/2014/12/02/r-uma-linguagem-gratuita-para-analise-e-visualizacao-de-dados/ Acesso em: 20 dez. 2018.

CAPÍTULO 5

Análises Estatísticas

P rezado(a) leitor(a), o objetivo deste capítulo é apresentar o resultado das análises estatísticas propostas no capítulo anterior. Aqui, o(a) leitor(a) poderá acompanhar o passo a passo da construção do processo estatístico que resultou na superação do desafio que os autores se propuseram neste livro, a lembrar: poder afirmar como o desempenho organizacional, ou performance empresarial, é condicionado pelas interações sinérgicas ocorridas entre os agentes econômicos no interior de um mercado, na indústria ou em qualquer outra forma de organização econômica, bem como pelos spillovers de conhecimento provenientes dessas interações.

O QUE VOCÊ ENCONTRARÁ NESTE CAPÍTULO:

- Análise descritiva aplicada à pesquisa

- Análise fatorial exploratória aplicada à pesquisa

- Modelagem de equações estruturais aplicada à pesquisa

- Análise de agrupamento aplicada à pesquisa

- Análise de componentes principais aplicada à pesquisa

ANÁLISE DESCRITIVA

A análise descritiva é a fase inicial do processo de estudo dos dados coletados. Com o intuito de organizar, resumir e descrever os aspectos importantes de um conjunto de dados obtidos, fez-se uso dos métodos de estatística descritiva. A descrição dos dados também teve como objetivo identificar anomalias, até mesmo resultantes do registro incorreto de valores, e dados dispersos, aqueles que não seguem a tendência geral do restante do conjunto.

ANÁLISE DE DADOS FALTANTES, OUTLIERS E LINEARIDADE

Como já sabido pelo(a) leitor(a), o banco de dados utilizado aqui foi alimentado a partir de uma pesquisa realizada por meio de questionário online, com 61 empresas do setor de TIC e, portanto, pertencentes ao APL em estudo, não sendo encontrados dados perdidos, ou seja, valores de uma variável que não estão disponíveis no conjunto de dados, que estão em branco.

Em relação aos outliers, não foram encontrados valores fora do intervalo da escala de sua respectiva variável, não evidenciando o tipo de outlier relacionado ao erro na tabulação dos dados.

Em relação à linearidade, foram observadas 61 de 66 relações significativas (correlação de par a par entre as 12 questões do inquérito, o que significa que todas as correlações possíveis foram testadas) ao nível de 5%, o que representa aproximadamente 92,42% das correlações possíveis, de acordo com a matriz de correlação de Pearson. A correlação de Pearson avalia a relação linear entre duas variáveis contínuas.

Além disso, pelo teste de Bartlett, foram observados valores "p" inferiores a 0,05 em todos os construtos, identificando a existência de linearidades significativas dentro dos construtos. Na estatística, o teste de Bartlett é usado para testar se as amostras k são de populações com variações iguais. Variações iguais entre populações são chamadas de homocedasticidade ou homogeneidade de variâncias.

DESCRIÇÃO DAS QUESTÕES

Como já explicado ao(à) leitor(a) no capítulo anterior, a escala das questões do inquérito foi definida de modo a variar de 1 (Discordo totalmente/Pouco importante) a 4 (Concordo totalmente/Muito importante). Assim, intervalos estritamente menores que 2,5 indicam que os indivíduos tenderam a discordar, intervalos estritamente maiores que 2,5 indicam que os indivíduos tenderam a concordar e intervalos que apresentam 2,5 indicam que eles não tenderam a discordar nem a concordar. A Tabela 3 apresenta o resultado da análise descritiva das questões.

A partir das ilustrações, pode-se destacar que:

- Os indivíduos tenderam a concordar com as questões Q2, Q4 e Q10, uma vez que os intervalos de confiança foram estritamente maiores que 2,5.

- Os indivíduos tenderam a discordar das questões Q6, Q8 e Q11, posto que os intervalos de confiança foram estritamente menores que 2,5. Ademais, os indivíduos tenderam à imparcialidade com as demais questões.

- A questão Q2 apresentou média significativamente maior que as questões Q3, Q6, Q7, Q8 e Q11, pois seus intervalos de confiança não se sobrepõem.

Tabela 3: Descrição das questões

Questões	Média	DP	IC – 95%[1]
Q1	2,74	1,06	[2,48; 2,98]
Q2	3,00	0,97	[2,74; 3,23]
Q3	2,26	1,14	[2,00; 2,54]
Q4	2,82	0,94	[2,59; 3,07]
Q5	2,69	0,98	[2,46; 2,93]
Q6	2,20	0,89	[1,97; 2,41]
Q7	2,34	1,06	[2,10; 2,59]
Q8	2,18	0,81	[1,98; 2,36]
Q9	2,51	0,99	[2,26; 2,74]
Q10	2,85	0,95	[2,61; 3,08]
Q11	2,16	0,93	[1,92; 2,39]
Q12	2,69	1,09	[2,43; 2,95]

[1] Intervalo de confiança Bootstrap

Fonte: elaborado pelos autores

Outra forma de visualizar os dados da Tabela 3 é por meio do Gráfico 1, a seguir.

Gráfico 1: Gráfico de barras com intervalos de confiança para as questões.

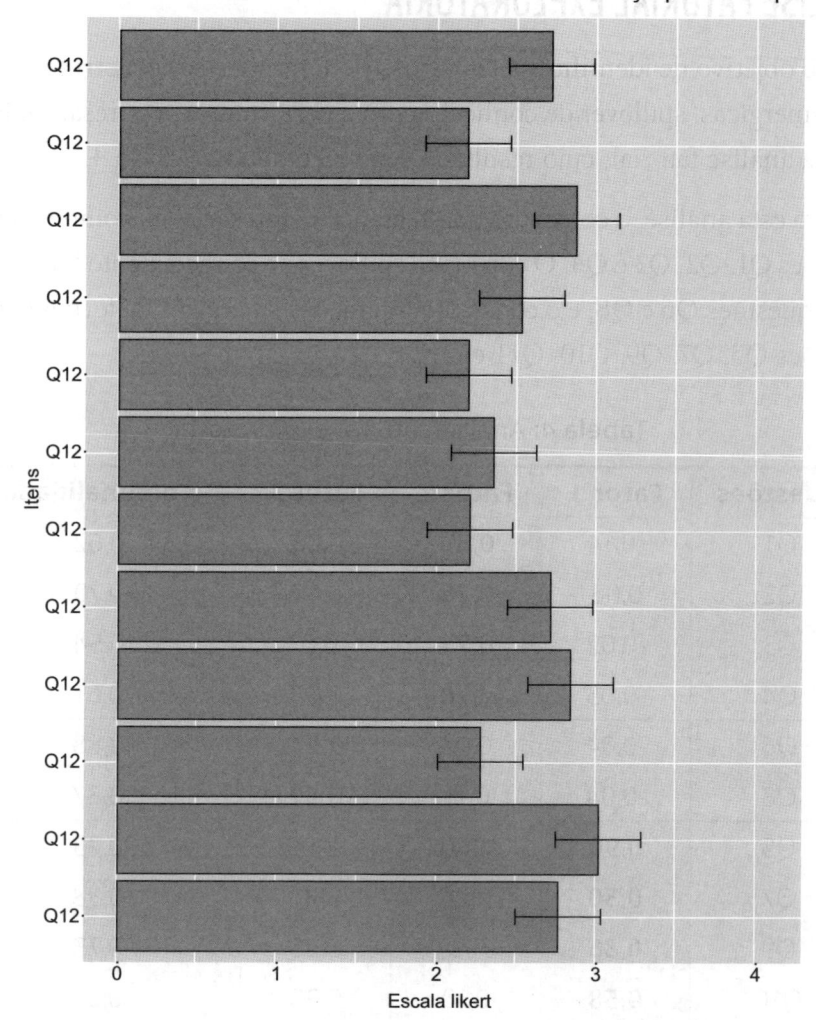

Fonte: elaborado pelos autores

ANÁLISE FATORIAL EXPLORATÓRIA

Com o objetivo de identificar as questões pertencentes aos construtos interações sinérgicas, spillover de conhecimento e performance empresarial, fez-se uso da análise fatorial, cujo resultado é apresentado na Tabela 4.

Para esta análise, o construto performance empresarial foi composto pelas questões Q1, Q2, Q3 e Q4. O construto spillover de conhecimento foi formado pelas questões Q6 e Q8, e o construto interações sinérgicas foi formado pelas questões Q5, Q7, Q9, Q10, Q11 e Q12.

Tabela 4: Análise fatorial exploratória

Questões	Fator 1	Fator 2	Fator 3	Comunalidade
Q1	-0,14	**0,83**	0,08	0,62
Q2	0,06	**0,76**	0,09	0,70
Q3	-0,02	**0,77**	-0,07	0,54
Q4	-0,05	**0,78**	0,08	0,61
Q6	-0,04	0,02	**0,94**	0,88
Q8	-0,04	0,11	**0,91**	0,87
Q5	**0,90**	-0,02	-0,09	0,73
Q7	**0,30**	0,25	0,21	0,38
Q9	**0,86**	-0,27	0,26	0,73
Q10	**0,58**	0,10	0,30	0,67
Q11	**0,61**	0,38	-0,34	0,65
Q12	**0,87**	0,06	-0,12	0,73

Fator 1: interações sinérgicas;
Fator 2: *performance* empresarial;
Fator 3: spillover de conhecimento.

Fonte: elaborado pelos autores

A fim de testar a hipótese de que o APL TIC Itajubá exerce influência positiva sobre a performance dos agentes empresariais nele inseridos, foi realizada, primeiramente, uma análise fatorial exploratória deste construto, dado que o APL TIC Itajubá é de segunda ordem, ou seja, não foi composto diretamente pelos itens (questões), mas por outras variáveis latentes ou observadas. Para tratar essa característica da estrutura de mensuração, foi utilizada a abordagem "*Two-Step*". Dessa forma, foram computados inicialmente os escores das variáveis latentes de primeira ordem, utilizando-se a análise fatorial com o método de extração das componentes principais e rotação varimax.

VALE A PENA SABER!

O MÉTODO VARIMAX E A COMUNALIDADE

Para facilitar a interpretação dos fatores e buscar uma estrutura mais simples para a matriz de cargas fatoriais, é possível fazer uma rotação ortogonal dos fatores, de modo a se preservar a orientação original entre eles. A rotação varimax é um dos métodos de rotações ortogonais que produzem fatores que são não correlacionados entre si. As rotações fatoriais têm o objetivo de facilitar a interpretação dos fatores, visto que muitas vezes as variáveis analisadas apresentam cargas fatoriais elevadas em mais de um fator. O método varimax, proposto por Kaiser (1958), é um dos mais utilizados na prática, uma vez que produz soluções mais simples.

A comunalidade é a proporção de variabilidade de cada variável que é explicada pelos fatores. O valor da comunalidade é o mesmo, independentemente se você usa cargas fatoriais de fatores não rotacionados ou cargas fatoriais de fatores rotacionados para a análise. Quanto mais perto a comunalidade estiver de 1, melhor a variável é explicada pelos fatores.

Fonte: Figueiredo Filho; Silva Junior (2010)

Na Tabela 5 é apresentado o resultado da análise fatorial exploratória para os construtos de primeira ordem.

Nos construtos de primeira ordem, a análise fatorial exploratória tem o objetivo de verificar a necessidade de excluir algum item (pergunta) dos construtos que não esteja contribuindo com a formação dos índices, posto que, de acordo com Hair *et al.* (2009), itens com cargas fatoriais menores que 0,50 devem ser eliminados dos construtos, pois além de não contribuírem de forma relevante à formação da variável latente, prejudicam o alcance das suposições básicas à validade e à qualidade dos indicadores criados para representar o conceito de interesse. Observa-se que todos os itens apresentaram cargas fatoriais acima de 0,50 e, sendo assim, não foi necessário a exclusão de nenhum item.

Tabela 5: Análise fatorial exploratória dos construtos de primeira ordem

Construto	Questões	CF[1]	Com[2]	Peso
	Q5	0,83	0,68	0,24
	Q7	0,61	0,37	0,17
Interações sinérgicas	Q9	0,78	0,61	0,22
	Q10	0,79	0,63	0,23
	Q11	0,71	0,51	0,20
	Q12	0,84	0,71	0,24
Spillover de conhecimento	Q6	0,96	0,93	0,52
	Q8	0,96	0,93	0,52

[1] Carga fatorial
[2] Comunalidade

Fonte: elaborado pelos autores

A seguir, a Tabela 6 mostra os resultados das análises da validade convergente, validade discriminante, confiabilidade e dimensionalidade dos construtos do modelo de mensuração.

Tabela 6: Confiabilidade, validade convergente, validade discriminante e dimensionalidade dos construtos

Construto	Itens	A.C.[1]	C.C.[2]	AVE[3]	VCM[4]	KMO[5]	Dim.[6]
Interações sinérgicas	6	0,85	0,84	0,58	0,31	0,82	1
Spillover de conhecimento	2	0,92	0,93	0,93	0,31	0,50	1

[1] Alfa de Cronbach
[2] Confiabilidade Composta
[3] Variância Extraída
[4] Variância Compartilha Máxima
[5] Medida de adequação da amostra de Kaiser-Meyer-Olkin
[6] Dimensionalidade

Fonte: elaborado pelos autores

Logo, em relação à Tabela 6, infere-se que:

- Os indicadores de Alfa de Cronbach (AC) e de Confiabilidade Composta (CC) apresentaram valores acima de 0,60 em todos os construtos, atingindo, assim, os níveis exigidos de confiabilidade.

- Houve validação convergente em todos os construtos, visto que todos apresentaram AVEs superiores a 0,50.

- Todos os construtos apresentaram valores de KMO iguais ou superiores a 0,50, evidenciando que o ajuste da análise fatorial foi adequado.

- De acordo com o critério de Kaiser, todos os construtos foram unidimensionais, indicando que as questões ou itens estão medindo um único conceito.

- De acordo com o critério de Fornell e Larcker (1981), houve validação discriminante nos construtos, dado que as variâncias compartilhadas máximas foram menores que as respectivas AVEs.

MODELAGEM DE EQUAÇÕES ESTRUTURAIS (PLS)

A abordagem *Partial Least Square* (PLS) para a modelagem de equações estruturais oferece uma alternativa à abordagem tradicional com base na covariância. Essa abordagem tem sido revelada como uma técnica de modelagem suave com o mínimo de demanda, considerando as escalas de medidas, o tamanho amostral e às distribuições residuais. O modelo de equações estruturais é um modelo linear que estabelece múltiplas relações entre variáveis latentes. Esse modelo divide-se em duas partes: modelo de mensuração e modelo estrutural.

O modelo de mensuração tem a finalidade de verificar se os itens de cada construto medem com precisão o seu respectivo conceito, enquanto que o modelo estrutural define as relações de causa ou associação entre as variáveis.

Modelo de mensuração (*outer model*)

Por meio do modelo de mensuração (*outer model*), é verificada a necessidade de exclusão de alguma questão, visto que questões com cargas fatoriais inferiores a 0,50 devem ser eliminadas por não contribuírem, de forma relevante, à formação da variável latente, prejudicando, assim, o alcance das suposições básicas para validade e a qualidade dos indicadores idealizados para representar o conceito de interesse.

Como mencionado anteriormente, o método Bootstrap também foi utilizado para calcular os intervalos de confiança para os pesos do modelo de mensuração e dos coeficientes do modelo estrutural, fornecendo informações sobre a variabilidade dos parâmetros estimados, provendo uma importante validação dos resultados.

Apresentaremos a seguir os resultados do modelo de mensuração para cada uma das hipóteses norteadoras desta pesquisa, bem como os resultados que validam tal modelo.

A Tabela 7 apresenta o resultado do modelo de mensuração para a Hipótese 1.

Tabela 7: Modelo de mensuração – Hipótese 1

Construto	Questões	Peso (α)	IC - 95% [1]	CF[2]	Com[3]
APL TIC Itajubá	Interações sinérgicas	0,71	[0,58; 0,87]	0,91	0,83
	Spillover de conhecimento	0,46	[0,27; 0,60]	0,78	0,60
Performance empresarial	Q1	0,31	[0,18; 0,43]	0,77	0,59
	Q2	0,37	[0,28; 0,46]	0,86	0,75
	Q3	0,28	[0,18; 0,39]	0,71	0,50
	Q4	0,31	[0,21; 0,39]	0,82	0,68

[1] Intervalo de confiança Bootstrap
[2] Carga fatorial
[3] Comunalidade.

Fonte: elaborado pelos autores

Sendo assim, entende-se, a partir da Tabela 7, que:

- Todos as questões apresentaram cargas fatoriais acima de 0,50, não sendo necessário a exclusão de nenhuma delas.

- Os intervalos de confiança (IC – 95%) mostram que todos os pesos foram significativos, a julgar por seus valores estarem dentro do intervalo de confiança, evidenciando a importância de todas as questões para a formação dos construtos.

Na sequência, a Tabela 8 traz os resultados das análises que validam o modelo de mensuração 1 (análises da validade convergente, validade discriminante, confiabilidade e dimensionalidade dos construtos).

Lembramos ao(à) leitor(a) que o construto de segunda ordem "APL TIC Itajubá" é formado pelos construtos interações sinérgicas e spillover de conhecimento.

Pode-se deduzir, a partir da Tabela 8, que:

- Todos os construtos atingiram os níveis exigidos de confiabilidade, dado que os índices de confiabilidade AC e CC foram superiores a 0,60.

- Pelo critério de Kaiser, todos os construtos foram unidimensionais.

- Os valores das AVEs foram superiores a 0,50 em todos os construtos, evidenciando assim a validação convergente dos mesmos.

- De acordo com o critério de Fornell e Larcker (1981), houve validação discriminante nos construtos, dado que as variâncias compartilhadas máximas foram menores que as respectivas AVEs.

Tabela 8: Validação do modelo de mensuração – Hipótese 1

Construtos	Itens	AC[1]	CC[2]	Dim[3]	AVE[4]	VCM[5]
APL TIC Itajubá	2	0,62	0,84	1	0,72	0,42
Performance empresarial	4	0,80	0,87	1	0,63	0,42

[1] Alfa de Cronbach
[2] Confiabilidade composta
[3] Dimensionalidade
[4] Variância extraída
[5] Variância compartilha máxima.

Fonte: elaborado pelos autores

A Tabela 9 apresenta o resultado do modelo de mensuração para as hipóteses 2 e 3. Vale ressaltar que, para essas hipóteses, usou-se o mesmo modelo de mensuração usado na hipótese anterior. As informações nela apresentadas permitem afirmar que:

- Todos as questões apresentaram cargas fatoriais acima de 0,50, não sendo necessária a exclusão de nenhuma delas.
- Os intervalos de confiança (IC – 95%) mostram que todos os pesos foram significativos, evidenciando assim a importância de todas as questões para a formação dos construtos.

Tabela 9: Modelo de mensuração – Hipóteses 2 e 3

Construto	Questões	Peso (α)	IC - 95%[1]	CF[2]	Com[3]
Interações sinérgicas	Q5	0,22	[0,16; 0,30]	0,82	0,67
	Q7	0,21	[0,12; 0,34]	0,63	0,40
	Q9	0,18	[0,09; 0,25]	0,75	0,57
	Q10	0,25	[0,19; 0,33]	0,80	0,64
	Q11	0,24	[0,16; 0,33]	0,72	0,52
	Q12	0,21	[0,12; 0,27]	0,84	0,70
Spillover de conhecimento	Q6	0,48	[0,36; 0,56]	0,96	0,92
	Q8	0,56	[0,47; 0,68]	0,97	0,94
Performance empresarial	Q1	0,31	[0,20; 0,44]	0,77	0,60
	Q2	0,36	[0,27; 0,46]	0,86	0,74
	Q3	0,28	[0,17; 0,41]	0,71	0,50
	Q4	0,30	[0,21; 0,39]	0,82	0,67

[1] Intervalo de confiança Bootstrap
[2] Carga fatorial
[3] Comunalidade.

Fonte: elaborado pelos autores

A Tabela 10 expõe os resultados das análises que validam o modelo de mensuração para as hipóteses 2 e 3 (análises da validade convergente, validade discriminante, confiabilidade e dimensionalidade dos construtos do modelo de mensuração).

Tabela 10: Validação do modelo de mensuração – Hipóteses 2 e 3

Construtos	Itens	AC[1]	CC[2]	Dim[3]	AVE[4]	VCM[5]
Interações sinérgicas	6	0,85	0,89	1	0,58	0,43
Spillover de conhecimento	2	0,92	0,96	1	0,93	0,20
Performance empresarial	4	0,80	0,87	1	0,63	0,43

[1] Alfa de Cronbach
[2] Confiabilidade composta
[3] Dimensionalidade
[4] variância extraída
[5] Variância compartilha máxima.

Fonte: elaborado pelos autores

Logo, depreende-se, com base na Tabela 10, que:

- Todos os construtos atingiram os níveis exigidos de confiabilidade, dado que os índices de confiabilidade AC e CC foram superiores à 0,60.
- Pelo critério de Kaiser, todos os construtos foram unidimensionais.
- Os valores das AVEs foram superiores a 0,50 em todos os construtos, evidenciando sua validação convergente.
- De acordo com o critério de Fornell e Larcker (1981), houve validação discriminante nos construtos, dado que as variâncias compartilhadas máximas foram menores que as respectivas AVEs.

Modelo estrutural (*inner model*)

O objetivo do modelo estrutural (*inner model*) é especificar as relações entre as variáveis e descrever a quantidade de variância explicada. De outro modo, medir as relações existentes entre as variáveis (endógenas/dependentes e exógenas/independentes) que, por sua vez, são previamente estabelecidas à semelhança das hipóteses. Mais especificamente, verificar como ocorre a relação entre as variáveis independentes e a variável dependente.

Abaixo, serão apresentados ao(à) leitor(a) os resultados do modelo estrutural para cada uma das hipóteses norteadoras desta pesquisa.

A Figura 2 ilustra o modelo estrutural para a Hipótese 1.

Figura 2: Ilustração do modelo estrutural para a Hipótese 1

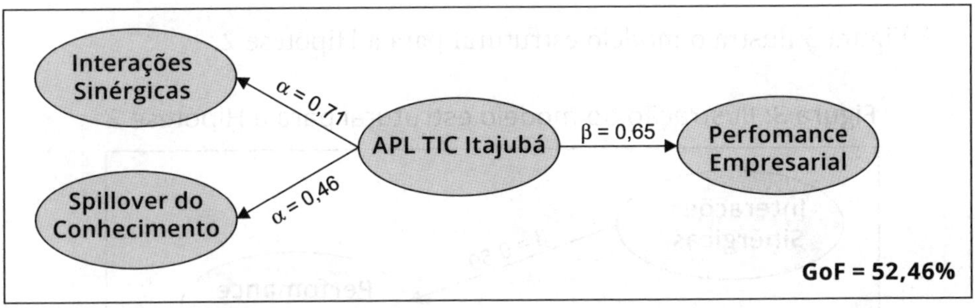

Fonte: elaborado pelos autores

A Tabela 11 apresenta o resultado do modelo estrutural para a Hipótese 1.

Tabela 11: Modelo estrutural – Hipótese 1

Endógenas	Exógenas	β	EP (β)[1]	IC - 95%[2]	Valor-p	R²
Performance empresarial	APL TIC Itajubá	0,65	0,10	[0,51; 0,78]	<0,001	41,89%

[1] Erro padrão
[2] Intervalo de confiança Bootstrap
GoF = 52,46%.

Fonte: elaborado pelos autores

A partir dos resultados elencados na Tabela 11, pode-se inferir que:

- Houve influência significativa (valor-p < 0,001) e positiva (β = 0,65 [0,51; 0,78]) do APL TIC Itajubá sobre a performance empresarial, significando que quanto maior o APL TIC Itajubá, maior será a performance empresarial.
- O APL TIC Itajubá foi capaz de explicar 41,89% da variabilidade da performance empresarial.

Vale destacar que o modelo apresentou um GoF (medida de qualidade de ajuste do modelo estrutural) de 52,46% e intervalos de confiança Bootstrap de acordo com os resultados encontrados via valor-p, evidenciando, assim, maior validade dos resultados apresentados.

A Figura 3 ilustra o modelo estrutural para a Hipótese 2.

Figura 3: Ilustração do modelo estrutural para a Hipótese 2

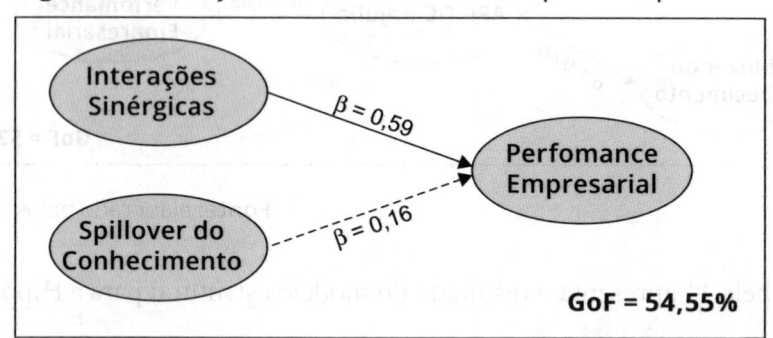

Fonte: elaborado pelos autores

A Tabela 12 apresenta os resultados do modelo estrutural para a Hipótese 2.

Tabela 12: Modelo estrutural – Hipótese 2

Endógenas	Exógenas	β	E.P.(β)[1]	IC - 95%[2]	Valor-p	R²
Performance empresarial	Interações sinérgicas	0,59	0,11	[0,43; 0,77]	<0,001	45,45%
	Spillover de conhecimento	0,16	0,11	[-0,07; 0,38]	0,141	

[1] Erro padrão
[2] Intervalo Bootstrap
GoF = 54,55%.

Fonte: elaborado pelos autores

Tendo em vista os resultados elencados na Tabela 12, pode-se inferir que:

- Houve influência significativa (valor-p < 0,001) e positiva (β = 0,59 [0,43; 0,77]) das interações sinérgicas sobre a performance empresarial, ou seja, quanto maiores as interações sinérgicas, maior será a performance empresarial.
- Não houve influência significativa (valor-p > 0,05) do spillover de conhecimento sobre a performance empresarial.
- As interações sinérgicas e o spillover de conhecimento foram capazes de explicar 45,45% da variabilidade da performance empresarial.

Vale destacar que o modelo apresentou um GoF de 54,55% e, além disso, os intervalos de confiança Bootstrap estavam de acordo com os resultados encontrados via valor-p, evidenciando, assim, a maior validade dos resultados apresentados.

A Figura 4 ilustra o modelo estrutural para a Hipótese 3.

Figura 4: Ilustração do modelo estrutural para a Hipótese 3

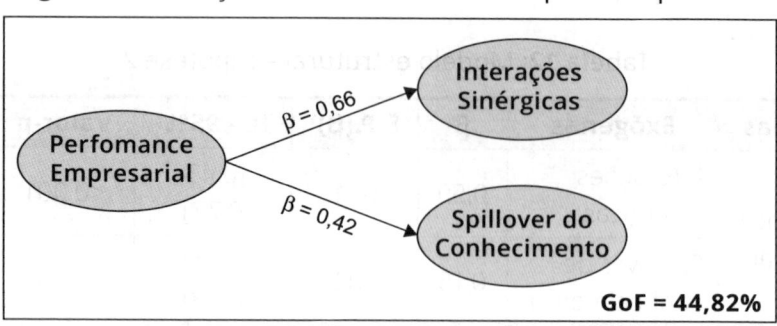

Fonte: elaborado pelos autores

A Tabela 13 apresenta os resultados do modelo estrutural para a Hipótese 3.

Tabela 13: Modelo estrutural – Hipótese 3

Endógenas	Exógenas	β	EP (β)[1]	IC - 95%[2]	Valor-p	R²
Interações sinérgicas	Performance empresarial	0,66	0,10	[0,54; 0,80]	<0,001	43,35%
Spillover de conhecimento	*Performance empresarial*	0,42	0,12	[0,23; 0,62]	0,001	18,01%

[1] Erro padrão
[2] Intervalo de confiança Bootstrap
GoF = 44,82%.

Fonte: elaborado pelos autores

À luz dos dados apresentados pela Tabela 13, atesta-se que:

- Houve influência significativa (valor-p < 0,001) e positiva (β = 0,66; [0,54; 0,80]) da performance empresarial sobre as interações sinérgicas, ou seja, quanto melhor a performance empresarial, maior tendem a ser as interações sinérgicas.

- Houve influência significativa (valor-p = 0,001) e positiva (β = 0,42; [0,23; 0,62]) da performance empresarial sobre os spillovers de conhecimento, o que significa dizer que quanto melhor a performance empresarial, maior tendem a ser as interações sinérgicas.

- A performance empresarial foi capaz de explicar 43,35% da variabilidade das interações sinérgicas.

- A performance empresarial foi capaz de explicar 18,01% da variabilidade do spillover de conhecimento.

Vale destacar que o modelo apresentou um GoF de 44,82% e intervalos de confiança Bootstrap, de acordo com os resultados encontrados via valor-p, evidenciando, assim, maior validade dos resultados apresentados.

Verificação das hipóteses

Após a realização da pesquisa quantitativa, para a qual se fez o uso da análise fatorial exploratória e da modelagem de equações estruturais (PLS), é apresentada na Tabela 14 a verificação das hipóteses dos modelos estruturais.

Tabela 14: Verificação das hipóteses

	HIPÓTESES	RESULTADO
H1	O APL TIC Itajubá influencia positivamente a performance dos agentes nele inseridos	Confirmada
H2.1	Uma maior interação entre os agentes econômicos do APL TIC Itajubá influencia positivamente a performance desses agentes.	Confirmada
H2.2	Os spillovers de conhecimento influenciam positivamente a performance das empresas que compõem o APL TIC Itajubá/MG.	Não confirmada
H3.1	A performance empresarial pode influenciar positivamente as interações sinérgicas.	Confirmada
H3.2	A performance empresarial pode influenciar positivamente os spillovers.	Confirmada

Fonte: elaborado pelos autores

ANÁLISE DE AGRUPAMENTO

A fim de agrupar as empresas com características semelhantes no que se refere às questões que compuseram o questionário de pesquisa, foi utilizada a análise hierárquica de agrupamento via método de Ward e a distância euclidiana como medida de dissimilaridade.

MOMENTO DO DESAFIO

ANÁLISE DE AGRUPAMENTO

Análise de agrupamentos ou análise de *"Cluster"*, também denominada classificação não supervisionada, é a classificação de objetos em diferentes grupos. É uma técnica estatística usada para classificar elementos em grupos, onde elementos dentro de um mesmo grupo/cluster sejam muito parecidos, e elementos em grupos/clusters diferentes sejam distintos entre si, cada um dos quais deve conter os objetos semelhantes, segundo alguma função de distância estatística.

Desafio

Pesquise, em www.periodicos.capes.gov.br, trabalhos escolares como monografias, dissertações, teses ou artigos que tenham utilizado a análise de agrupamento. Em seguida, identifique o número de grupos trabalhado pelo autor.

Ademais, a escolha do número de grupos foi feita a partir do dendograma. O dendograma é uma ferramenta apropriada para definir o número de grupos, pois uma boa classificação pode ser obtida ao cortá-lo em uma zona onde as separações entre classes correspondam a grandes distâncias (dissimilaridades). Dessa forma, optou-se por trabalhar com quatro grupos.

A Figura 5 apresenta o dendograma do agrupamento das 61 empresas em relação às questões.

Figura 5: Dendograma do agrupamento das empresas

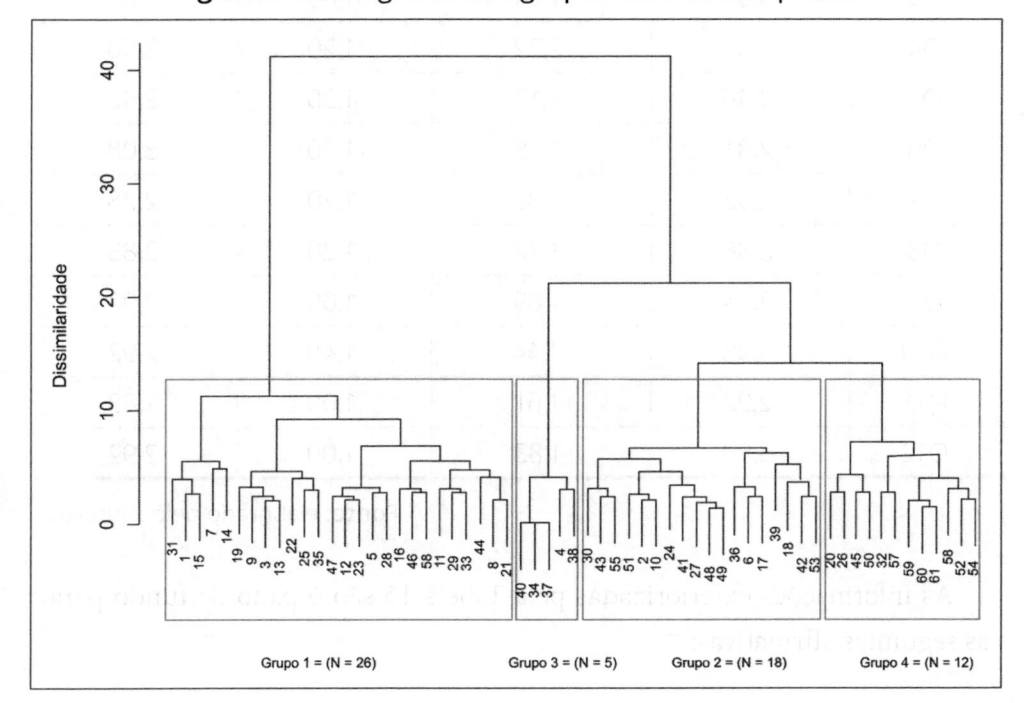

Fonte: elaborado pelos autores

A Tabela 15 evidencia a média de cada questão por grupo, cuja escala variou de 1 a 4.

Tabela 15: Descrição dos grupos

Questões	Grupo 1 (N=26)	Grupo 2 (N=18)	Grupo 3 (N=5)	Grupo 4 (N=12)
Q1	3,38	2,39	1,40	2,42
Q2	3,58	2,78	1,20	2,83
Q3	3,00	1,94	1,00	1,67
Q4	3,35	2,72	1,20	2,50
Q5	3,46	2,17	1,20	2,42
Q6	2,31	1,78	1,00	3,08
Q7	2,92	1,89	1,20	2,25
Q8	2,38	1,72	1,20	2,83
Q9	3,04	1,89	1,00	2,92
Q10	3,38	2,44	1,40	2,92
Q11	2,92	1,61	1,00	1,83
Q12	3,50	1,83	1,00	2,92

Fonte: elaborado pelos autores

As informações exteriorizadas pela Tabela 15 são o pano de fundo para as seguintes afirmativas:

- O Grupo 1 foi formado, majoritariamente, pelas empresas que apresentaram a maior média de concordância com as questões.
- No Grupo 2, a maioria das empresas apresentou concordância com as questões Q2 e Q4 e apresentou a menor média para as questões Q6 e Q8.

- O Grupo 3 foi formado, majoritariamente, pelas empresas que apresentaram a menor média de concordância com as questões.

- No Grupo 4, a maioria das empresas apresentou maior concordância com as questões Q2, Q6, Q8, Q9, Q10 e Q12 e apresentou a menor concordância com as questões Q3 e Q4.

ANÁLISE DE COMPONENTES PRINCIPAIS

A análise de componentes principais ACP ou PCA (do inglês, *Principal Component Analysis*) é uma técnica da estatística multivariada que consiste em transformar um conjunto de variáveis originais em outro conjunto de variáveis de mesma dimensão, denominadas componentes principais. Tais componentes apresentam propriedades importantes, a saber: cada componente principal é uma combinação linear de todas as variáveis originais; são independentes entre si e estimados com o propósito de reter, em ordem de estimação, o máximo de informação, em termos da variação total contida nos dados.

A componente principal é a disposição que melhor representa a distribuição dos dados, haja vista a visualização de diversas variáveis em um determinado conjunto de dados ser mais produtiva, rápida, objetiva e eficiente.

A Figura 6 apresenta o mapa perceptual via análise de componentes principais. Os mapas perceptuais identificam a estrutura dentro de um conjunto de necessidades, para destacar as duas ou três dimensões estratégicas nas quais os produtos são diferenciados.

Figura 6: Mapa perceptual das questões via componentes principais

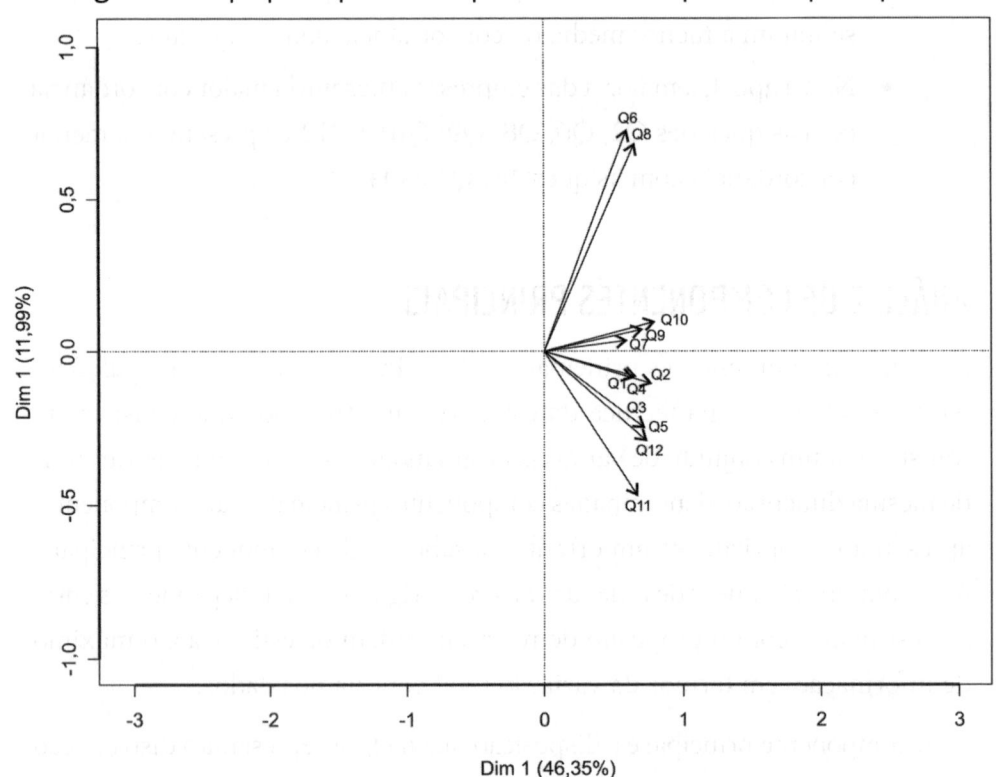

Fonte: elaborado pelos autores

A partir do mapa perceptual da Figura 6, pode-se notar que:

- A primeira componente principal foi capaz de explicar 46,35% (Dim 1) da variabilidade total das questões, enquanto a segunda componente explicou 11,99% (Dim 2). Logo, a quantidade total da variabilidade explicada pelas duas primeiras componentes foi igual a 58,34%, sendo este valor considerado satisfatório (> 50,00%).

- As questões Q6 e Q8 foram positivamente correlacionadas entre si, uma vez que suas setas apontam no mesmo sentido. A mesma observação vale para os grupos de questões Q7, Q9 e Q10; Q1, Q2 e Q4; e Q3, Q5, Q11, Q12.

As demais informações são extraídas do mapa perceptual via componentes principais, de acordo com os grupos criados na análise de agrupamento, conforme exibido pela Figura 7.

Figura 7: Mapa perceptual das questões via componentes principais, de acordo com os grupos criados na análise de agrupamento

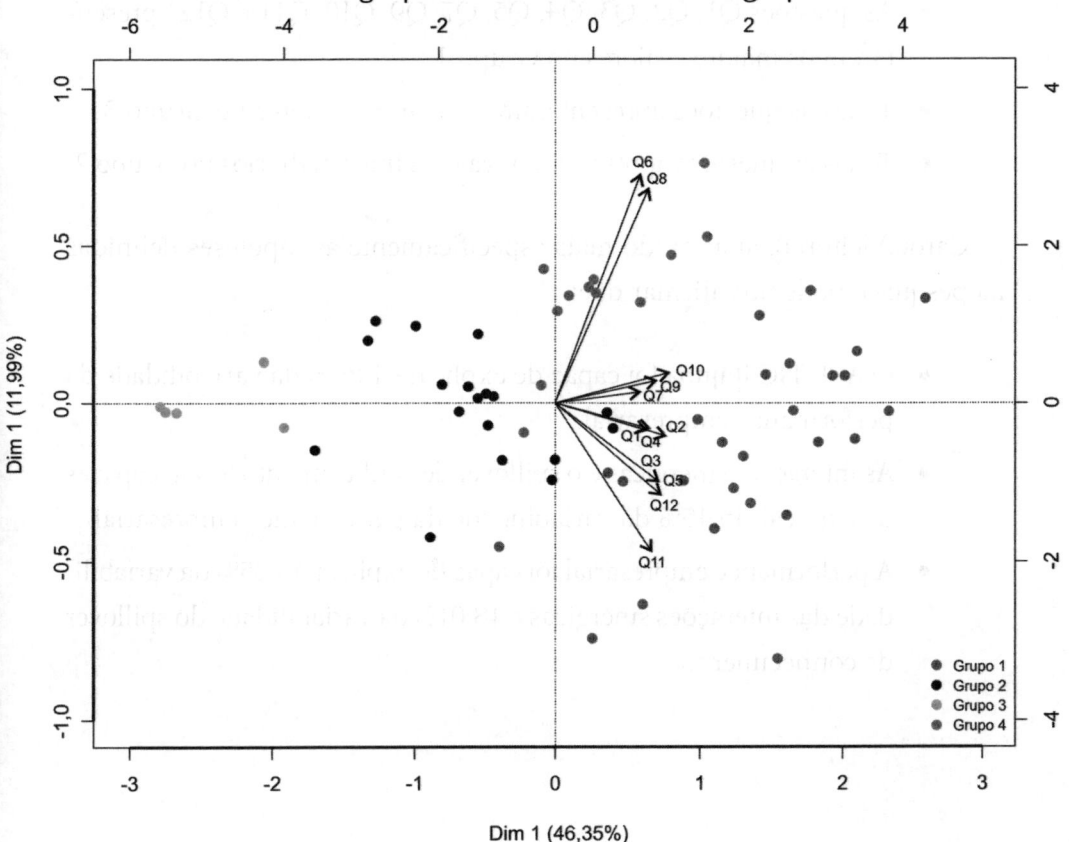

Fonte: elaborado pelos autores

As informações sinalizadas pela Figura 7 são as seguintes:

- O conjunto de questões foi capaz de discriminar muito bem os grupos, sendo que as questões Q6 e Q8 apresentaram maiores valores no Grupo 4.
- As questões Q1, Q2, Q3, Q4, Q5, Q7, Q9, Q10, Q11 e Q12 apresentaram os maiores valores no Grupo 1.
- Todas as questões apresentaram os menores valores no Grupo 3.
- Todas as questões apresentaram valores intermediários no Grupo 2.

Caro(a) leitor(a), analisando mais especificamente as hipóteses definidas na pesquisa, podemos afirmar que:

- O APL TIC Itajubá foi capaz de explicar 41,89% da variabilidade da performance empresarial.
- As interações sinérgicas e o spillover de conhecimento foram capazes de explicar 45,45% da variabilidade da performance empresarial.
- A performance empresarial foi capaz de explicar 43,35% da variabilidade das interações sinérgicas e 18,01% da variabilidade do spillover de conhecimento.

Pontos Importantes

1. Houve influência significativa e positiva do APL TIC Itajubá sobre a performance empresarial.

2. Houve influência significativa e positiva das interações sinérgicas sobre a performance empresarial.

3. Não houve influência significativa do spillover do conhecimento sobre a performance empresarial.

4. Houve influência significativa e positiva da performance empresarial sobre as interações sinérgicas.

5. Houve influência significativa e positiva da performance empresarial sobre os spillover de conhecimento.

EXERCÍCIOS PROPOSTOS

QUESTÃO I

Foi evidenciado que, na pesquisa em questão em relação aos outliers, não foram encontrados valores fora do intervalo da escala de sua respectiva variável. O que se pode entender dessa afirmação?

QUESTÃO II

Com o objetivo de identificar as questões pertencentes aos construtos de primeira ordem interações sinérgicas, spillover de conhecimento e performance empresarial, fez-se uso da análise fatorial. Nesta pesquisa, qual o papel dessa análise para os construtos de primeira ordem?

QUESTÃO III

O modelo de equações estruturais é um modelo linear que estabelece múltiplas relações entre variáveis latentes. Esse modelo divide-se em duas partes. Quais são elas? Descreva-os sinteticamente.

RESPOSTA AOS EXERCÍCIOS PROPOSTOS

Questão I: Neste caso, não há evidências do tipo de outlier relacionado ao erro na tabulação dos dados.

Questão II: Nos construtos de primeira ordem, a análise fatorial exploratória tem o objetivo de verificar a necessidade de excluir algum item (pergunta) dos construtos que não esteja contribuindo com a formação dos índices.

Questão III: O modelo de equações estruturais divide-se em modelo de mensuração e modelo estrutural. Por meio do modelo de mensuração, é verificada a necessidade de exclusão de alguma questão, visto que questões com cargas fatoriais inferiores a 0,50 devem ser eliminadas por não contribuírem de forma relevante à formação da variável latente, prejudicando, assim, o alcance das suposições básicas para validade e a qualidade dos indicadores idealizados para representar o conceito de interesse. O objetivo do modelo estrutural é especificar as relações entre as variáveis e descrever a quantidade de variância explicada. De outro modo, medir as relações existentes entre as variáveis (endógenas/dependentes e exógenas/independentes) que, por sua vez, são previamente estabelecidas à semelhança das hipóteses. Mais especificamente, verificar como ocorre a relação entre as variáveis independentes e a variável dependente.

REFERÊNCIAS

ALMEIDA, M. S. *Elaboração de projeto, TCC, dissertação e tese: uma abordagem simples, prática e objetiva*. São Paulo, Atlas, 2011.

FERREIRA, E. P.; ZIVIANI, F.; PARREIRAS, F. S. "Percepções de alinhamento estratégico: um estudo em empresas de base tecnológica". *Perspectivas em Gestão & Conhecimento - PG&C*, João Pessoa, v. 7, n. 2, 2017. Disponível em: http://www.periodicos.ufpb.br/ojs/index.php/pgc/article/view/28005 Acesso em: 20 dez. 2018.

FIGUEIREDO FILHO, D. B.; SILVA JUNIOR, J. A. da. "Visão além do alcance: uma introdução à análise fatorial". *Opinião Pública*, Campinas, v. 16, n. 1, p. 160-185, 2010. Disponível em: http://www.scielo.br/scielo.php?script=sci_arttext&pid=S0104-62762010000100007&lng=en&nrm=iso. Acesso em: 17 dez. 2018.

GIRALDI, J. M. E.; LIBONI, L. B. "Mapa Perceptual: uma ferramenta para gerenciamento do posicionamento de marcas". *In*: Congresso Virtual Brasileiro de Administração, 2004. *Anais* […]. Disponível em: http://www.convibra.com.br/2004/pdf/81.pdfAcesso em: 12 dez. 2018.

HAIR, J. F. J.; HULT, G. T.; RINGLE, C. M.; SARSTEDT, M. *A primer on partial least squares structural equation modeling (PLS-SEM)*. Sage Publications, 2016.

HAIR, J. F.; BLACK, W. C.; BABIN, B. J.; ANDERSON, R. E.; TATHAM, R. L. *Análise Multivariada de Dados*. Porto Alegre, Bookman, 2009.

HONGYU, K. "Comparação biplot ponderado e AMMI-ponderado com genótipo × ambiente". 2015. 155p. Tese (Doutorado Experimentação Superior de Agricultura), Universidade de São Paulo, Piracicaba, 2015.

HONGYU, K.; SANDANIELO, V. L. M.; OLIVEIRA JUNIOR, G. J. "Análise de Componentes Principais: resumo teórico, aplicação e interpretação". *E&S - Engineering and Science*, v. 5, n. 1, 2016. Disponível em: http://periodicoscientificos.ufmt.br/ojs/inde x.php/eng/article/view/3398/2744. Acesso em: 24 fev. 2019.

JOHNSON, R. A; WICHERN, D. W. *Applied multivariate statistical analysis*. 4 ed. Prentice-Hall, New Jersey, 1998.

KAISER, H. F. "The varimax criterion for analytic rotation in factor analysis". *Psychometrika*, v. 23, n. 3, p. 187-200, 1958.

MINGOTI, S. *Análise de dados através de métodos de estatística multivariada*. Belo Horizonte, UFMG, 2005.

MONECKE, A.; LEISCH, F. "Sem PLS Structural Equation Modeling Using Partial Least Squares". *Journal of Statistical Software*, 48, 1-32, 2012.

SANCHEZ, G. *PLS Path Modeling with R*. Trowchez Editions, Berkeley, 2013. Disponível em: http://www.gastonsanchez.com/PLS Path Modeling with R.pdf. Acesso em: 24 fev. 2019.

SCHUMACKER, E. R.; LOMAX, G. R. *A beginner's guide to structural equation modeling*. Mahwah, NJ, Erlbaum, 1996.

URBAN, G. L.; HAUSER, R. H. *Design and Marketing of New Products*. 2. ed. Englewood Cliffs, NJ, Prentice-Hall, 1993.

VIEIRA, K. M. "Modelagem de equações estruturais aplicada à reação a splits: integrando as hipóteses de liquidez, sinalização e nível ótimo de preços". 2006. 97 f. Tese (Doutorado em Administração). Escola de Administração, Universidade Federal do Rio Grande do Sul, Porto Alegre, 2006.

WARD, J. H. "Hierarchical grouping to optimize an objective function". *Journal of the American Statistical Association*, v. 58, p. 236-244. Mar, 1963.

CONSIDERAÇÕES FINAIS

O convite ao(à) leitor(a) para refletir sobre "O REFLEXO DAS INTERAÇÕES SINÉRGICAS E DOS SPILLOVERS DE CONHECIMENTO NA PERFOR-MANCE DAS EMPRESAS" partiu dos seguintes pressupostos:

1. A inovação bem-sucedida depende do desenvolvimento e da integração de novos conhecimentos no processo de inovação;

2. Parte desses novos conhecimentos encontram-se fora da empresa;

3. Os fluxos de informação externa são importantes para as decisões empresariais e, consequentemente, para o bom desempenho do negócio;

4. A autossuficiência não é possível nem desejável do ponto de vista econômico;

5. A Integração entre os agentes econômicos é um fator valoroso para um melhor desempenho desses agentes;

6. Há uma relação entre "redes de inovação", "spillovers de conhecimento" e "performance da empresa;

7. Os ativos baseados no conhecimento tornam-se cada vez mais importantes para o sucesso competitivo das empresas nos negócios.

De modo a reforçar a coerência de ideias na reflexão proposta, os autores apresentaram, como pano de fundo, a realidade de 61 empresas atuantes na área de tecnologia e que se encontram organizadas sob a dinâmica de um arranjo produtivo local, mais conhecido como APL.

A escolha do APL TIC Itajubá deu-se pela complexidade, contemporaneidade e dialética que permeiam esse tipo de fenômeno. Esses mesmos sinais possibilitaram a percepção, por parte dos autores, da seguinte problemática: qual o impacto das interações sinérgicas e dos spillovers de conhecimento na performance das empresas que compõem o APL TIC de Itajubá/MG?

Assim, o principal objetivo desta obra foi mostrar aos interessados na temática como as interações sinérgicas e os spillovers de conhecimento contribuem para o desempenho econômico das empresas que compõem uma aglomeração produtiva e, mais especificamente, o APL TIC de Itajubá/MG.

Conforme apresentado no Capítulo 2 desta obra, os APLs, há muito discutidos no meio acadêmico e nas instituições, têm ganhado status de estratégia de desenvolvimento e, particularmente, no Brasil, têm chamado a atenção dos policy makers e especialistas na temática. Porém, o seu conceito ainda guarda em si controvérsias. Da mesma forma, interações sinérgicas, spillovers de conhecimento (do inglês, konwledge spillovers) e desempenho/performance econômico ganharam significado como objetos de estudo sob óticas teóricas diversas. Entretanto, não há registros de uma investigação que tenha observado conjuntamente tais variáveis. É neste ponto que reside a relevância ou a principal contribuição deste livro.

A partir da análise fatorial exploratória, as questões que compuseram o questionário de pesquisa foram elencadas, de acordo com a sua relação com os construtos da pesquisa. Dessa forma, as questões Q5, Q7, Q9, Q10, Q11 e Q12 formaram o construto interações sinérgicas. As questões Q6 e Q8 formaram o construto spillover de conhecimento. E, finalmente, as questões Q1, Q2, Q3 e Q4 formaram o construto performance empresarial.

Além disso, as questões Q6 e Q8 estão positivamente correlacionadas, assim como as questões Q7, Q9 e Q10; Q1, Q2 e Q4 e Q3, Q5, Q11 e Q12.

No agrupamento das empresas, observou-se que o Grupo 1 foi formado majoritariamente pelas empresas que apresentaram a maior média de concordância com as questões, enquanto o Grupo 3 foi formado majoritariamente pelas empresas que apresentaram a menor média de concordância com as questões.

Reconhecido em 28 de março de 2016, o APL TIC Itajubá é formado por 103 empresas de base tecnológica. Apesar dessa informação, há dificuldades na obtenção de dados precisos sobre o número de empresas vinculadas ao APL. *A priori*, se a empresa possui uma Classificação Nacional de Atividades Econômicas (CNAE) que a classifica como empresa do setor de TIC, e está localizada nos municípios de Itajubá, Brazópolis e Paraisópolis, ela pode ser considerada participante, mesmo não aderindo formalmente ao arranjo.

Os agentes econômicos investigados tenderam a concordar que a cooperação entre as empresas do APL traz benefícios mútuos que dificilmente seriam alcançados fora deste (Q2), e que o conhecimento transferido entre empresas tem contribuído de forma significativa na obtenção de vantagens competitivas no mercado (Q4). Ademais, essas mesmas relações têm permitido inovações incrementais (melhorias) em seus produtos e processos tecnológicos (Q10).

Não obstante, esses mesmos agentes inclinaram-se a discordar quanto ao fato de relações estabelecidas no APL permitirem a troca de informações sobre preços praticados por seus parceiros (Q6), como também sobre preços praticados por seus concorrentes (Q8). Além disso, não perceberam uma atuação eficiente, por parte da governança, na coordenação das relações entre as empresas do APL TIC Itajubá (Q11).

Pode-se ressaltar que os objetivos pretendidos pelos autores obtiveram êxito, porque:

- Foram traçadas as principais características do APL TIC Itajubá, por meio do delineamento do seu histórico.

- Foi verificado que o APL TIC Itajubá influencia positivamente a performance dos agentes nele inseridos (H1). Tal constatação infere que, quanto maior o número de empresas organizadas dessa forma, melhor será a sua performance.

- Foi verificado que uma maior interação entre os agentes econômicos do APL TIC Itajubá influencia positivamente a performance desses agentes (H2.1). Essa resposta corrobora o resultado da hipótese anterior, haja vista o fato de que, quanto maior o número de empresas arranjadas, maior será sua interação, logo, melhor será sua performance.

- Foi verificado que os spillovers de conhecimento não influenciam positivamente a performance das empresas que compõem o APL TIC Itajubá/MG (H2.2).

- Foi verificado que a performance empresarial pode influenciar positivamente as interações sinérgicas (H3.1), bem como os spillovers de conhecimento gerados no interior do APL (H3.2). Infere-se, assim, que a melhoria da performance empresarial leva ao aumento das interações sinérgicas, resultando, por sua vez, em maior geração de spillovers.

Analisando mais especificamente as hipóteses definidas pelos autores, pode-se afirmar que:

- O APL TIC Itajubá foi capaz de explicar 41,89% da variabilidade da performance empresarial.

- As interações sinérgicas e o spillover de conhecimento foram capazes de explicar 45,45% da variabilidade da performance empresarial.

- A performance empresarial foi capaz de explicar 43,35% da variabilidade das interações sinérgicas e 18,01% da variabilidade do spillover de conhecimento.

Apesar das empresas que fazem parte do APL TIC Itajubá receberem algum tipo de benefício, muitos são os desafios e as oportunidades internas e externas propiciadas por esse tipo de organização.

Enfim, um conjunto de ações endógenas e exógenas apresenta-se como necessário ao fortalecimento da governança do APL. A principal destas ações é o estreitamento das relações com as próprias empresas do APL, conscientizando-as do seu papel e sua importância para o arranjo, bem como um reforço nas relações entre as empresas do arranjo, de modo a potencializar suas forças frente aos desafios e oportunidades do século XXI. Posteriormente, o estreitamento dos laços com as instituições de ensino, visando à promoção da transferência de tecnologias da academia para o mercado. Além disso, o estabelecimento de uma política municipal de inovação para o APL, assim como para as incubadoras de empresas e para o parque científico-tecnológico, na confirmação do município de Itajubá como um dos 17 polos de inovação para, assim, tornar mais robusta a atração de incentivos (crédito e fiscal) e recursos (editais públicos) para as empresas de base tecnológica.

Como qualquer outra pesquisa, este estudo apresentou alguns pontos fracos. Entre outros, a impossibilidade de trabalhar com a população de empresas que fazem o APL TIC Itajubá, o que dificulta a generalização das percepções dos agentes econômicos investigados que propuseram a amostra. A não formalização da participação das empresas no APL pode ter prejudicado a percepção desses agentes quanto às inter-relações com seus pares.

Para mais, faz-se necessário a reaplicação do questionário ao final de um período (cinco anos), quando será interessante observar as alterações das percepções dos agentes econômicos ao longo do tempo, como propõem Souza et al. (2015).

Uma sugestão de pesquisa futura seria a ampliação deste estudo, em nível estadual ou regional, ou a aplicação da mesma pesquisa em outras formas de aglomeração.

Diante disso, ratificamos a importância desta obra, dada a escassez, na literatura, de textos que tragam à tona reflexões sobre a problemática aqui apresentada.

A você, leitor(a), nosso muito obrigado!

Antônio Suerlilton Barbosa da SILVA

Luiz Eugênio Veneziani PASIN

Correlação entre as Questões do Inquérito

Correlação entre as Questões

Questões	Q1	Q2	Q3	Q4	Q5	Q6	Q7	Q8	Q9	Q10	Q11	Q12
Q1	1,00											
Q2	0,56	1,00										
Q3	0,41	0,45	1,00									
Q4	0,47	0,65	0,48	1,00								
Q5	0,33	0,46	0,33	0,39	1,00							
Q6	0,32	0,30	0,21	0,27	0,23	1,00						
Q7	0,39	0,52	0,33	0,30	0,33	0,31	1,00					
Q8	0,37	0,33	0,31	0,30	0,27	0,86	0,38	1,00				
Q9	0,27	0,39	0,23	0,33	0,61	0,41	0,41	0,46	1,00			
Q10	0,35	0,55	0,37	0,47	0,62	0,50	0,41	0,46	0,53	1,00		
Q11	0,50	0,43	0,48	0,33	0,53	0,18	0,28	0,24	0,39	0,37	1,00	
Q12	0,33	0,37	0,47	0,36	0,56	0,30	0,44	0,29	0,54	0,53	0,68	1,00

OBS.: em negrito: correlações maiores que |0,26| foram significativas

Fonte: elaborado pelos autores (2019)

Roteiro para Pesquisa

Este Apêndice foi preparado com a intenção de guiar os passos do(a) leitor(a) na execução de uma pesquisa semelhante à apresentada neste livro. De certo, nenhuma pesquisa é igual à outra, mas a intenção é apontar, pelo menos, uma opção de direção a ser tomada diante das várias dúvidas que surgem durante o processo científico.

Dessa forma, serão descritas e fundamentadas as opções metodológicas nas quais se encontra baseada esta pesquisa, pois, desde o surgimento das questões e hipóteses que se pretendeu testar, passando pela escolha das bases de dados, pela construção do painel de dados e pela identificação dos métodos e técnicas estatísticas utilizados, percorreu-se um processo complexo, que exigiu uma abordagem própria e pormenorizada.

DE OLHO NA REALIDADE

O(a) leitor(a) deve saber que toda pesquisa científica precisa trazer contribuições para a sociedade (pessoas e empresas). De que forma? Propondo soluções para problemas que a assolam! Ou possibilitando formas mais eficientes de resolvê-los.

Então, a primeira pergunta para a qual o pesquisador deve buscar resposta é a seguinte: de que forma a minha pesquisa poderá ajudar a sociedade?

Métodos, técnicas e tipos de pesquisa

O método científico é um instrumento para a pesquisa da realidade, formado por um conjunto de procedimentos, por meio dos quais os problemas científicos são formulados e as hipóteses examinadas. Assim, esse método é uma orientação facilitadora para o planejamento da pesquisa, a formulação de hipóteses, a realização de experiências e a interpretação dos seus resultados.

NÃO TROQUE ALHOS POR BUGALHOS

Por vezes, mesmo apresentando-se com conceitos bem diferentes, os termos método e técnica são utilizados como sinônimos. Enquanto o primeiro define o conjunto de etapas necessárias para o alcance de um determinado fim, o segundo consiste em formas de se levar a cabo algum tipo de atividade, ou seja, é um conjunto de instrumentos de coleta ou tratamento de dados da pesquisa considerado útil para o estudo. Obviamente, ambos os conceitos são interdependentes: o método não pode ser desenvolvido sem as técnicas e as técnicas não podem ser definidas sem a referência fornecida pelo método.

Tipologia da pesquisa

A primeira fase desta pesquisa apresenta o levantamento bibliográfico sobre o tema e o estudo das informações obtidas por meio da análise de vários estudos, nacionais e internacionais, tanto de caráter teórico, como empírico. Uma vez realizada a pesquisa bibliográfica, e com base na informação obtida, segue-se um período no qual se deriva o aprofundamento dos principais conceitos e das relações estabelecidas entre eles, desenvolvendo-se, assim, uma base teórica e um modelo teórico de pesquisa nos quais encontra apoio o estudo apresentado.

REVISANDO O CONCEITO

O levantamento bibliográfico, uma das fases obrigatórias de toda pesquisa científica, tem o objetivo de trazer à tona o conhecimento já disponível (explícito) naquela área de conhecimento, evitando, assim, que o pesquisador repita o que já foi feito, levando-o a desperdiçar recursos. Uma boa dica é optar por estudos de casos ou multicasos.

A análise estatística deve, sempre que possível, ser parte integrante de qualquer pesquisa. Aqui, ela é condição *sine qua non*. O seu papel principal é o de estabelecer, objetivamente, se os resultados obtidos têm significância e se os pressupostos subjacentes à análise teórica têm confirmação. Há muitos métodos e técnicas estatísticas possíveis de serem utilizados em estudos deste gênero, dependendo da seleção do tipo de variáveis estudadas, do tipo de estudo proposto e das respectivas hipóteses de pesquisa formuladas.

Quanto à tipologia, esta pesquisa classifica-se como aplicada.

A pesquisa aplicada tem como objetivo descobrir fatos novos. Para isso, a percepção da realidade pelo pesquisador é imprescindível. Na sequência, testar deduções (hipóteses) feitas a partir de uma teoria ou mais que podem, em princípio, ter aplicações práticas no médio prazo.

Quanto à forma de abordagem, a presente pesquisa está caracterizada como quantitativa. A pesquisa quantitativa caracteriza-se pelo uso de ferramentas estatísticas para o tratamento dos dados, visando, assim, medir as relações existentes entre as variáveis (dependentes e independentes) previamente estabelecidas à semelhança das hipóteses. Neste estudo, essa forma de abordagem é imprescindível, por possibilitar melhor entendimento e compreensão do fenômeno analisado, principalmente pelo caráter inovador da temática abordada, na busca de compreender as interações sinérgicas, como também a influência dos spillovers na performance das empresas.

É possível, ainda, classificar esta pesquisa em relação aos seus objetivos e procedimentos. Quanto aos objetivos, ela é descritiva, explicativa e exploratória.

Descritiva por buscar descobrir, com a devida precisão, a frequência com que um fenômeno ocorre, bem como sua natureza e suas características, ou ainda compreender e descrever as especificidades em situações ou fenômenos.

Explicativa, uma vez que, além de registrar, analisar e interpretar os fenômenos estudados, procura identificar seus fatores determinantes, ou seja, suas causas.

Exploratória por desvelar novos conhecimentos acerca da temática tratada. Estudos exploratórios constituem-se em uma maneira eficiente de descobrir a ocorrência do fato, de buscar novas percepções, de questionar, de avaliar fenômenos sob uma ótica diferenciada, além de fornecer respostas às interrogações pertinentes à investigação.

Quanto aos procedimentos, esta pesquisa define-se como bibliográfica e de estudo de caso. Bibliográfica, visto que toma como objeto livros, bases referenciais e periódicos especializados. Inicia-se com a abordagem aos referenciais teóricos onde, permeando vários temas, são relacionados os conceitos, características e ideias e, na sequência, a atenção tem foco no que se observa empiricamente. Estudo de caso, tendo em vista o desejo de estudar com profundidade aspectos característicos de um determinado objeto de pesquisa restrito (ANDRADE, 2010).

A tabela abaixo apresenta de forma sucinta a tipologia da pesquisa.

Tipologia da pesquisa

Critério	Tipo de pesquisa
Finalidade	Pesquisa aplicada
Objetivos	Explicativa
	Descritiva
	Exploratória

Critério	Tipo de pesquisa
Procedimentos técnicos	Bibliográfica Estudo de caso
Forma de abordagem	Quantitativa

Fonte: elaborada pelos autores

Desenho de pesquisa

As ações metodológicas da presente pesquisa encontram-se divididas nos seguintes passos:

1. Inicialmente, foram levantados dados referentes aos atores que compõem o APL TIC Itajubá/MG;

2. Identificados os atores, foram identificadas as interações capazes de estabelecer relações entre esses atores;

3. Foram investigados os fatores motivacionais dessas relações e as principais fontes externas de aprendizado para o conhecimento;

4. Identificados esses fatores, a mensuração quantitativa foi o passo seguinte;

5. Posteriormente ao tratamento estatístico, foram obtidas as variáveis (estatisticamente significativas) influenciadoras da performance das empresas do APL investigado.

A Figura seguinte ilustra a metodologia de pesquisa e tem a função de esquematizar a metodologia utilizada neste estudo, de forma a atingir com maior facilidade os objetivos delineados.

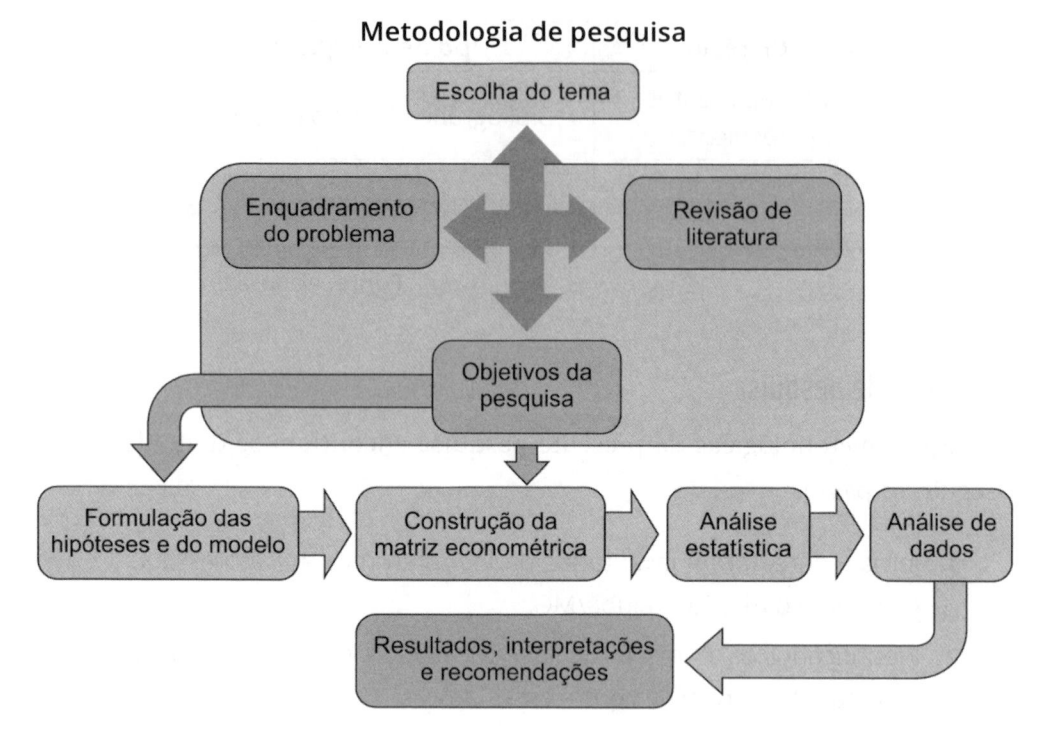

Fonte: elaborado pelo autor

Objetivo da pesquisa

O objetivo é a "especificidade-alvo" de uma hipótese a ser testada.

No caso desta pesquisa, tem-se como objetivo geral verificar qual o impacto das interações sinérgicas e dos spillovers de conhecimento na performance das empresas que compõem o APL TIC Itajubá/MG.

Questões de pesquisa

Visualizado o objetivo maior, o pesquisador poderá corroborar essa visão com algumas questões. Por exemplo, no nosso caso:

1. Quais as características do APL TIC Itajubá?

2. Qual o impacto do APL TIC Itajubá na performance dos agentes empresariais nele inseridos?

3. Qual o impacto das interações sinérgicas na performance dos agentes empresariais que compõem o APL TIC Itajubá/MG?

4. Qual o impacto dos spillovers de conhecimento na performance dos agentes empresariais que compõem o APL TIC Itajubá/MG?

5. Qual o impacto da performance empresarial nas interações sinérgicas, bem como nos spillovers de conhecimento gerados no interior do APL?

Hipóteses de pesquisa

REVISANDO O CONCEITO

A hipótese será a diretriz de todo o processo de pesquisa. Ela é sempre uma afirmação, uma resposta possível ao problema proposto. É válido que essas hipóteses tenham suporte em estudos/ teorias já explicitadas, mas também podem partir da percepção/ experiência/conhecimento do pesquisador. E, ainda, as hipóteses podem estar explícitas ou implícitas na pesquisa.

Nesta pesquisa, a primeira hipótese é que o APL TIC Itajubá influencia positivamente a performance dos agentes nele inseridos. Essa percepção, que surgiu como o pano de fundo desta pesquisa, é bastante coerente com os estudos de Cassiolato et al. (2007), Di Serio e Vasconcelos (2009) e Cruz, Silva e Matias (2015).

A segunda hipótese tem natureza dupla, mas cada uma de suas partes foi testada separadamente. A primeira delas evidencia uma maior interação entre os agentes econômicos do APL TIC Itajubá a influenciar positivamente a performance desses agentes. Dos estudos elucidados pela literatura, Dosi (1988), Cimoli e DellaGiusta (1988), Freeman (1995), Porter (1998), Guilhoto, Hewings e Sonis (1999), Etzkowitz e Leydesdorff (2000), Sesso Filho et al

(2006), Moretto (2008), Rodrigues (2008), entre outros, apoiam essa primeira parte. A segunda parte surgiu a partir dos estudos de Audretsch e Feldman (2003, p. 5), que já apontavam como "um grande desafio mensurar e identificar os spillovers de conhecimento, além de indicar que seus mecanismos necessitam de maior aprofundamento", e Faustino (2011, p. 113-114), que afirma que "medir tais fenômenos e a relação entre eles no plano real é extremamente difícil". Para este estudo, os spillovers de conhecimento influenciam positivamente a performance das empresas que compõem o APL TIC Itajubá/MG. Apoiando esta parte da segunda hipótese, firmam-se os estudos de Marshall (1985), Silveira Neto (2001), Cooke; Clifton; Oleaga (2005), Qiu e Wan (2015) e Vilela Júnior (2015).

A terceira hipótese surgiu da percepção dos autores de que é possível vislumbrar o inverso das afirmações referentes à segunda hipótese, ou seja, a performance empresarial pode influenciar positivamente as interações sinérgicas, bem como os spillovers de conhecimento gerados no interior do APL em estudo, adquirindo também um caráter de dupla hipótese.

O estudo de caso

Neste ponto, o pesquisador mergulha na realidade do seu objeto de estudo, procurando enxergar a dinâmica do seu funcionamento, bem como os seus meandros. O conhecimento do objeto de estudo pode ser facilitado com o uso de alguns instrumentos de pesquisa, por exemplo, o questionário e/ou a entrevista.

QUESTIONÁRIO OU ENTREVISTA

Nem sempre é possível escolher apenas um deles. Assim, as informações que o pesquisador não consegue obter com o questionário, por exemplo, tenta obter com a entrevista. Esses dois instrumentos apresentam vantagens e desvantagens. Caberá ao pesquisador comparar cada um deles e tomar sua decisão.

Faz-se importante garantir duas características dos instrumentos de medida: a validade e a confiabilidade. Garantir a validade do instrumento significa provar estatisticamente que o questionário realmente mede aquilo que propõe. A confiabilidade pode ser definida como a reprodutibilidade da medida. Nesta pesquisa, essas características estão presentes.

No caso desta pesquisa, os autores precisaram ir mais além no estudo do APL. Foi necessário estudar a região onde o APL está localizado, neste caso, a região de Itajubá/MG.

Assim, os autores fizeram um levantamento das principais informações sobre o local.

Indicaremos aqui uma proposta para a construção desta parte da pesquisa, bem como algumas fontes que facilitarão a busca por informações referentes às variáveis abaixo listadas:

Localização e demografia

Cabe ser destacada, neste ponto, a descrição da localização exata do território em estudo, corroborada com apresentação do seu mapa. O *Google Maps* possui uma ferramenta de elaboração de mapas. Não esqueça de mencionar as principais rodovias que conectam o local aos centros de referência.

Em relação à demografia, as seguintes informações (atualizadas) não podem deixar de ser apresentadas: estrutura e evolução demográfica (população; faixa etária, área da unidade territorial (km²), densidade demográfica, distribuição da população (urbana e rural), renda *per capita*, IDH, longevidade, esperança de vida ao nascer).

O IBGE cidades (https://cidades.ibge.gov.br/) é o sistema agregador de informações do IBGE sobre os municípios e estados do Brasil. No IBGE cidades você pode encontrar pesquisas, infográficos e mapas. Além disso, pode comparar os indicadores entre municípios e estados. Em alguns casos, a prefeitura das cidades traz algumas informações mais atualizadas relativas ao IBGE.

Economia

O Brasil possui muitas instituições dedicadas a estudar a economia do país. Entretanto, a maioria dessas pesquisas são realizadas de forma agregada. Quando muito, as encontramos desagregadas em nível de estados brasileiros.

Em nível de municípios brasileiros, as informações econômicas podem ser encontradas nos seguintes sítios: IBGE cidades, Sistema de Informações Contábeis, Fiscais do Setor Público Brasileiro — Siconfi, do Tesouro Nacional, Ministério da Indústria, Comércio Exterior e Serviços – Mdic e DataSus.

O Siconfi é composto por duas interfaces, com finalidades distintas: a chamada área pública, de livre navegação, é acessível a qualquer interessado, e a área restrita, exclusiva para usuários cadastrados, alimentadores do sistema por meio da inserção de informações certificadas, bem como servidores encarregados da manutenção do portal. Na área pública, pode-se lançar mão do mais substancioso repositório de informes contábeis do setor público brasileiro que, atualmente, desperta amplo interesse de pesquisadores, jornalistas, estudantes, órgãos de controle, gestores públicos ou até mesmo dos movimentos sociais empenhados na avaliação da performance orçamentária e fiscal de municípios, estados, Distrito Federal ou União. Na área restrita encontra-se o canal de comunicação dos gestores da área contábil e financeira das unidades federativas, por meio do qual são publicadas informações de interesse público, em atendimento aos ditames da Lei de Responsabilidade Fiscal. O acesso ao sistema se dá pelo link:

- https://siconfi.tesouro.gov.br/siconfi/pages/public/consulta_finbra/finbra_list.jsf

O Ministério da Indústria, Comércio Exterior e Serviços – Mdic está vinculado ao Ministério da Economia. Suas áreas de competência são as seguintes: política de desenvolvimento da indústria, do comércio e dos serviços; propriedade intelectual e transferência de tecnologia; metrologia; normalização e qualidade industrial; políticas de comércio exterior; regulamentação e execução dos programas e atividades relativas ao comércio exterior; aplicação dos mecanismos de defesa comercial; participação em negociações internacionais relativas ao comércio exterior; formulação da política de apoio à microempresa, empresa de pequeno porte e artesanato; execução das atividades de registro do comércio. O acesso ao sistema se dá pelo link:

- http://www.mdic.gov.br/comercio-exterior/estatisticas-de-comercio-exterior/comex-vis/frame-municipio

O DATASUS disponibiliza informações que podem servir para subsidiar análises objetivas da situação sanitária, tomadas de decisão baseadas em evidências e elaboração de programas de ações de saúde. A mensuração do estado de saúde da população é uma tradição em saúde pública. Ademais, disponibiliza informações demográficas e socioeconômicas, tais como população residente, educação, trabalho e renda, produto interno bruto (PIB) e saneamento. O acesso ao sistema se dá pelo link:

- http://www2.datasus.gov.br/DATASUS/index.php?area=0206

As informações que agregarão valor à sua pesquisa em relação à economia do território permeiam entre as seguintes: valor agregado por setor de atividade econômica; produto interno bruto (PIB) e PIB *per capita* do local estudado em relação aos demais municípios da região/estado; fluxo de exportações e importações; finanças municipais; instituições financeiras locais; descrição da estrutura econômica municipal e regional etc.

Educação, saúde e qualidade de vida

Neste ponto da pesquisa, algumas informações citadas foram as seguintes:

- **Educação:** oferta (rede pública e privada) e indicadores de ensino;
- **Saúde:** oferta da rede de assistência pública e privada, indicadores de saúde e indicadores epidemiológicos;
- **Qualidade de vida:** Índice de Desenvolvimento Humano (IDH); desenvolvimento regional.

Aqui, trabalhamos com algumas instituições como fonte de pesquisa, a saber: Programa das Nações Unidas para o Desenvolvimento – PNUD Brasil; Instituto de Pesquisa Econômica Aplicada – IPEA; Fundação João Pinheiro – FJP, IBGE cidades, DataSus, Cadastro Nacional de Estabelecimento de Saúde – CNES, DataSus e ATLAS BRASIL – Atlas do Desenvolvimento Humano no Brasil.

O Programa das Nações Unidas para o Desenvolvimento (PNUD) é a agência líder da rede global de desenvolvimento da ONU e trabalha principalmente pelo combate à pobreza e pelo desenvolvimento humano. O PNUD está presente em 166 países em todo o mundo, colaborando com governos, com a iniciativa privada e com a sociedade civil, para ajudar as pessoas a construírem uma vida mais digna. O acesso ao sistema se dá pelo link:

- https://www.br.undp.org/

O Instituto de Pesquisa Econômica Aplicada (Ipea) é uma fundação pública federal vinculada ao Ministério da Economia. Suas atividades de pesquisa fornecem suporte técnico e institucional às ações governamentais para a formulação e reformulação de políticas públicas e programas de desenvolvimento brasileiros. Os trabalhos do Ipea são disponibilizados para a sociedade por meio de inúmeras e regulares publicações eletrônicas, impressas e eventos. O acesso ao sistema se dá pelo link:

- http://www.ipea.gov.br/portal/

A Fundação João Pinheiro é uma instituição de pesquisa e ensino vinculada à Secretaria de Estado de Planejamento e Gestão de Minas Gerais. Fonte de conhecimento e informações para o desenvolvimento do estado e do país, tem como característica a contínua inovação na produção de estatísticas e na criação de indicadores econômicos, financeiros, demográficos e sociais. O acesso ao sistema se dá pelo link:

- http://novosite.fjp.mg.gov.br/

O ATLAS BRASIL – Atlas do Desenvolvimento Humano no Brasil é um site que traz o Índice de Desenvolvimento Humano Municipal (IDHM) e outros 200 indicadores de demografia, educação, renda, trabalho, habitação e vulnerabilidade para os municípios brasileiros. O site ainda permite a consulta por estado, por região metropolitana e por unidade de desenvolvimento humano. O acesso ao sistema se dá pelo link:

- http://atlasbrasil.org.br/2013/

Informações também podem ser obtidas pelos portais já apresentados.

Infraestrutura

Para descrever a estrutura existente do lócus estudado, foram apresentadas informações sobre aspectos geoeconômicos (distância entre Itajubá e os principais centros urbanos), elementos espaciais (localização dos principais mercados próximos), transporte aéreo e rodoviário, frota de veículos, saneamento básico (distribuição do abastecimento de água na região por município, distribuição do acesso à água do município em forma de suprimento, escoamento de esgoto sanitário, descarte dos resíduos sólidos), energia (PCHS instaladas na região, acesso à energia elétrica) e sistema de comunicação (serviço de comunicação disponível).

Alguns dos sítios pesquisados foram o da Prefeitura Municipal; Ministério do Desenvolvimento Regional, Departamento Nacional de Trânsito – Denatran (regional), Pesquisa Nacional de Saneamento Básico (SIDRA IBGE), Federaminas (regional), ANEEL, Ministério das Comunicações (MCTIC). Abaixo, seguem seus sítios:

- https://www.ibge.gov.br/estatisticas/multidominio/meio-ambiente/9073-pesquisa-nacional-de-saneamento-basico.html?=&t=o-que-e
- https://portalservicos.denatran.serpro.gov.br/#/
- https://www.cidades.gov.br/
- http://www.aneel.gov.br/
- http://www.mctic.gov.br/portal

Procedimentos iniciais à pesquisa quantitativa

Neste tópico, o pesquisador precisa ser transparente em relação aos métodos, ao modelo quantitativo, aos dados e às fontes utilizadas. Hoje existem vários softwares gratuitos que atendem muito bem às necessidades das pesquisas quantitativas. Um exemplo disso foi o utilizado nesta pesquisa.

O R é um ambiente de trabalho para a realização de análises de dados e estatísticas, além de permitir a preparação de gráficos. Gratuito, o R possui uma ampla base de usuários, o que resulta em uma grande quantidade de informação disponível na Internet para auxiliar o uso e o aprendizado da linguagem. Ademais, vários pacotes disponíveis em repositórios podem ser facilmente carregados e novos pacotes podem ser criados pelo usuário, para o uso eficiente desse ambiente de trabalho.

Informações sobre este software podem ser obtidas em R Development Core Team (2011), http://www.R-project.org/

Quando possível, represente graficamente ou por meio de figuras o exposto. Veja o exemplo abaixo sobre a dinâmica das análises estatísticas realizadas.

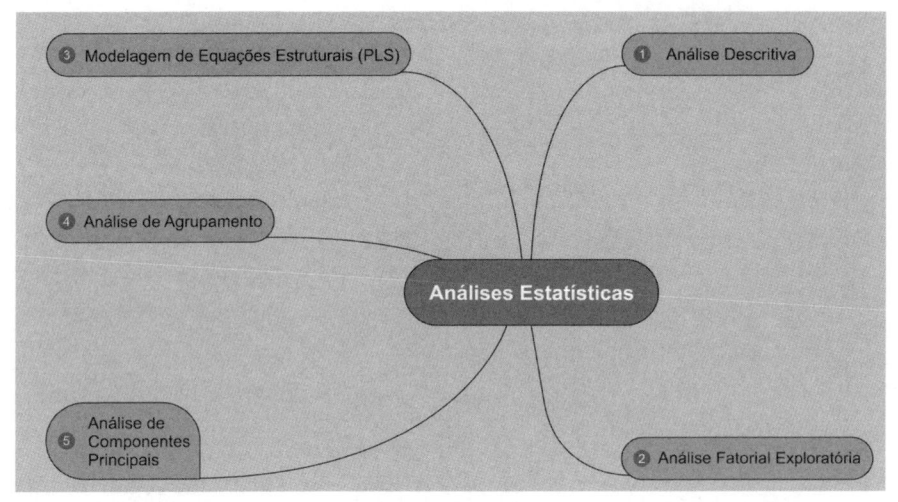

Fonte: elaborado pelos autores

Análise dos resultados

Neste ponto da pesquisa, a ética é o elemento fundamental. O pesquisador deverá ser fiel aos resultados obtidos por meio dos instrumentos utilizados. Deve-se atentar aos objetivos propostos, de modo a ter certeza que todos foram atendidos.

Considerações finais

Aqui, caberá ao pesquisador reafirmar seus objetivos e hipóteses. Lembrar aos leitores dos métodos, das técnicas e dos instrumentos de pesquisa utilizados. Confrontar os resultados com os objetivos propostos.

Nenhuma pesquisa esgota as possibilidades de novas descobertas de um fenômeno! Logo, o pesquisador deverá alertar o(a) leitor(a) para seus pontos fracos e propor melhorias para estudos futuros sobre a temática em questão.

ÍNDICE

Projetos corporativos e edições personalizadas
dentro da sua estratégia de negócio. Já pensou nisso?

Coordenação de Eventos
Viviane Paiva
comercial@altabooks.com.br

Assistente Comercial
Fillipe Amorim
vendas.corporativas@altabooks.com.br

A Alta Books tem criado experiências incríveis no meio corporativo. Com a crescente implementação da educação corporativa nas empresas, o livro entra como uma importante fonte de conhecimento. Com atendimento personalizado, conseguimos identificar as principais necessidades, e criar uma seleção de livros que podem ser utilizados de diversas maneiras, como por exemplo, para fortalecer relacionamento com suas equipes/ seus clientes. Você já utilizou o livro para alguma ação estratégica na sua empresa?

Entre em contato com nosso time para entender melhor as possibilidades de personalização e incentivo ao desenvolvimento pessoal e profissional.

PUBLIQUE
SEU LIVRO

Publique seu livro com a Alta Books.
Para mais informações envie um e-mail para: autoria@altabooks.com.br

ROTAPLAN
GRÁFICA E EDITORA LTDA
Rua Álvaro Seixas, 165
Engenho Novo - Rio de Janeiro
Tels.: (21) 2201-2089 / 8898
E-mail: rotaplanrio@gmail.com